BLAUÄUGIG

Atze Schröder
mit Till Hoheneder

BLAUÄUGIG

MEIN LEBEN ALS
ATZE SCHRÖDER

Für Johanna

*Alles wird irgendwann, wenn es nur häufig genug
erzählt wird, zur Fiktion.*

INHALT

Vorwort · 11

Prolog – Die Entschuldigung · 13

Zeugung und Geburt · 23

Mein Papa · 43

Die Grundschule · 51

Meine Mama · 63

Erste eigene Bude · 69

Raus aus der Sackgasse · 83

The Proll · 109

Endlich Komiker · 115

Alles Atze: Die Geburt · 129

Alles Atze: Die erste Staffel · 145

Der Comedy-Bastard · 157

Das Sommermärchen · 171

Alles hat seine Zeit · 193

Richtig Fremdgehen · 207

Ghana · 209

Zurück in die Zukunft · 217

Deutsche Stars · 225

Das Beste kommt noch · 233

Dank · 237

VORWORT

Alles Unterdrückte steht eines Tages vor der Tür und haut dir zur Begrüßung in die Fresse. Man kann unmöglich wissen, warum das eine passiert und das andere nicht. Was wozu führt, was etwas zerstört oder einen bestimmten Weg nimmt. Was ist ein geglücktes Leben? Wohl nur die eigene Zufriedenheit damit. Hier einen Brief an mein sechzehnjähriges Ich zu schreiben, wäre sicherlich unterhaltsam, aber es würde nichts ändern.

Wenn man mit einem seiner besten Freunde ein Buch schreibt, hat man eine tolle Zeit. Till und ich teilen Gedanken, lachen gemeinsam und streiten zickig über Passagen, Sätze, Worte. Und wenn man die eigene Biografie erarbeitet, geht alles noch viel tiefer. Es kommen Erlebnisse und Geschichten an die Oberfläche, von denen ich zum Teil gar nicht mehr wusste, dass sie zu meinem Leben gehören. Dass ich ein gnadenloser Optimist bin, wurde mir mal wieder klar, als wir die dunkle Seite meiner Familie beschrieben haben. Auch in meiner Bühnenkarriere ist nicht immer alles so rosig gelaufen, wie ich es ständig empfinde. Klar, der Ball ist letztlich immer wieder auf die richtige Seite gefallen. Aber manchmal schlitterte ich haarscharf an der Katastrophe vorbei. O Gott, wenn ich dran denke, wie viel Glück ich oft hatte, krieg ich eine Gänsehaut! Gleichzeitig muss ich aber grinsen, weil ich das Gefühl habe, dem Schicksal ein Schnippchen geschlagen zu haben.

Viele meiner Entscheidungen im Leben waren intuitiv und keinesfalls Produkte reiflicher Überlegung. Zufällig, naiv, eben blauäugig. Wäre ich auch als Schreiner oder Verkäufer glücklich geworden? Keine Ahnung, vermutlich ja! So, wie es gekommen ist, ist es mehr, als ich erwartet habe. Ein wilder Ritt durch das, was das Schicksal so zu bieten hat.

Ich wünsche euch viel Spaß mit diesem Buch, denn spannend ist mein Leben auf jeden Fall.

Atze Schröder
Hamburg, im Februar 2022

PROLOG – DIE ENTSCHULDIGUNG

6. Februar 2020. Es klingelte an der Haustür, und ich schaute auf meine original afrikanische Rolex: 15 Uhr und 26 Minuten. Pünktlich wie die Maurer. Carlo, mein Tourmanager, war eben nicht nur ein kluger und besonnener, sondern auch äußerst zuverlässiger Mensch. Ich öffnete die Tür und sagte: „Carlo, ich dachte schon, du kommst nicht mehr!"

Er verzog keine Miene und schnappte sich meinen verbeulten Alukoffer. Völlig emotionslos entgegnete er: „Wir haben 15.30 Uhr gesagt, es ist 15.28 Uhr."

Ich antwortete leicht schnippisch. „Ja, eben! Was ist denn da los? Du bist doch sonst so pünktlich!"

Natürlich kannte Carlo meine kleinen Provokationen und Sticheleien. Statt mir zu antworten, hängte er sich meinen Rucksack um, und wir gingen gemeinsam zum Auto. Ich stieg ein und sah mit einem Blick, dass Carlo alles im Griff hatte. In den Türfächern waren überall Wasserflaschen und Jägermeister-Fläschchen platziert, das Ladekabel fürs Handy steckte im USB-Schlitz. Ich hatte es kaum eingestöpselt, da klingelte es.

Töne Stallmeyer, mein Manager, meldete sich: „Na, Dicker, alles klar gleich für Lanz? Bist du in der ersten oder zweiten Aufzeichnung?"

Ich schaute fragend nach links.

Im Gegensatz zu mir wusste Carlo es natürlich. „Wir sind in der ersten!"

Töne seufzte erleichtert. „Danke, Carlo. Wenn sich der feine Herr Schröder schon nicht für seine Termine interessiert, beruhigt es mich doch sehr, dass wenigstens du Bescheid weißt!"

Ich verschraubte die Augen hinter meiner legendären, blau getönten Alpina-Brille. „Ey, Töne, komm mal runter. Wie oft war ich schon bei Lanz? Das ist doch Routine, das mach ich im Schlaf, das Ding lauf ich auf 'ner halben Arschbacke nach Hause! Du weißt doch, wie das läuft: reinkommen, Heidemanns Guten Tag sagen, bisschen Small Talk mit Markus Lanz, schminken, ab in die Sendung und fertig!"

Töne ließ nicht locker. „Ist Heidemanns denn da? Oder turnt der wieder auf Mallorca rum?" Markus Heidemanns, der Produzent der Sendung *Lanz*, besitzt ein schönes Haus auf Mallorca, wo Töne und ich ihn schon oft besucht haben.

„Weiß ich nicht, Töne. Ich bin ja kein Hellseher." Ich hätte genauso gut sagen können: „Wer Hühner klaut, der frisst auch Raps", es hätte nichts genutzt. Er hörte einfach nicht auf zu fragen.

„Weißt du denn wenigstens, wer sonst noch in der Sendung ist?"

„Nee, Töne, ist doch auch egal. Wahrscheinlich irgendeiner, der immer da ist, Lauterbach oder Kubicki. Völlig wumpe, irgendwann bin ich dran, und dann heißt es wie immer: ‚Bin da, kann losgehen', bisschen Tour-Promo und zum Schluss was von *Furzen im Fahrstuhl*, die Nummer kommt echt gut an!"

„Furzen im Fahrstuhl?" Tönes Stimme klang besorgt. „Du weißt, dass da heute auch eine Holocaust-Überlebende sitzt?"

Um ihn noch ein bisschen mehr zu beunruhigen, sagte ich: „Ja, Töne, egal, das macht doch nix. Umso wichtiger, dass ich da ein bisschen Spaß reinbringe, wenn ich dran bin! Wir sind jetzt am Studio, ich melde mich nach der Sendung und sage dir, wie es gelaufen ist!"

Ich steckte das Handy in die Jackentasche und stieg aus. Mein Gott, dieser Töne ließ nie locker. Das war schon beeindruckend. Seit 2002 kümmerte sich das rothaarige Energiebündel um meine Karriere, mit einem Engagement und einer Leidenschaft, die nie nachzulassen schienen. Alles war wichtig, jedes noch so kleine Detail behielt er im Auge. Während ich nach zwanzig Jahren Supercomedy-Stardasein meinen Legendenstatus gerne mal mit ironischer Distanz betrachtete und die Zügel nicht mehr ganz so stramm in den Händen hielt, war er immer auf Sendung und ließ nichts anbrennen. Am liebsten wäre er wahrscheinlich hier vor Ort, um alles selbst zu regeln. Das ist sein Ding, er ist ein absoluter Kümmerer. Wenn Töne in der Garderobe ist, gibt es ein ungeschriebenes Gesetz: Er ist der Letzte, der meine prachtvollen Locken zurechtzupft. Egal ob ich schon von meiner Maskenbildnerin oder sonst wem geschminkt und frisiert wurde, kurz bevor wir die Garderobe verlassen, fuckelt er mir mit einer Gabel in meinen Haaren herum. Das lässt er sich nicht nehmen, und keiner wagt es, ihm in die Parade zu fahren. Ich schon gar nicht, ich bin ja nicht lebensmüde und lege mich mit dem roten Höllenhund an! Ich liebe diesen Kerl.

All das ging mir durch den Kopf, als wir durch die Produktionsfirma Die Fernsehmacher schlenderten, um ein Redaktionsmitglied zu finden. Auf einmal hörte ich Markus Heidemanns über den Flur rufen: „Da ist ja unser neuer Promi-Hamburger! Lass dich mal drücken, mein feiner Freund!"

Wir umarmten uns herzlich und warfen uns die üblichen Floskeln an den Kopf. „Müssen uns unbedingt wieder treffen ...

habe ein sensationelles neues Bouillabaisse-Rezept ... und, schon eingelebt in Hamburg?" Die letzte Frage ging an mich, weil ich vor ungefähr einem halben Jahr nach Hamburg gezogen war. Ich wollte gerade antworten, da redete Markus schon hektisch weiter. „Du, wir haben heute eine Auschwitz-Überlebende zu Gast, am besten du ..."

Ich fiel ihm ins Wort. „Kein Problem, Markus, ich halt mich da komplett raus, ist ja überhaupt nicht meine Baustelle."

Er nickte zufrieden, haute mir auf die Schulter und verschwand in der Regie.

Die Aufnahmeleiterin erschien. Sie zeigte uns die Garderobe und den Aufenthaltsraum, wo schon ein paar Leute saßen. Carlo und ich nahmen uns einen Kaffee und ein paar von den Süßigkeiten, die auf einem großen Tisch lagen. Kauend schaute ich mich um. Nichts los. In der Ecke saßen eine kleine ältere Frau und eine jüngere Begleiterin. Wahrscheinlich gehörten die beiden zu einem der anderen Talkgäste, von denen aber noch keiner da war. Mir wurde langweilig. Ich nahm meinen Kaffee, ließ mir von Carlo die Garderobe aufschließen und sagte ihm, ich würde jetzt ein Nickerchen machen, bis Patsy, meine Maskenbildnerin, käme. Carlo nickte nur. Fünf Minuten später war ich herrlich eingedöst.

Bumm-bumm-bumm, hämmerte es an der Tür. Verdammt! Da hatte ich wohl richtig tief geschlafen. Ich erhob mich mühsam, torkelte zur Tür und schloss auf. Patsy und Carlo betraten grinsend den Raum. Nach dem üblichen „Küsschen links, Küsschen rechts" fing Patsy an, mein vom Schlaf zerknautschtes Antlitz zu veredeln. Zehn Minuten später, ich war gerade fertig, klopfte die Aufnahmeleiterin an die Tür: Zeit für die Sendung! Artig trabten Carlo und ich hinter ihr her, direkt ins Studio.

Ich wurde vom Tontechniker verkabelt und zu meinem Sitzplatz geführt. Als ich mich setzte, betrat mein alter Freund Markus Lanz das Studio. Er flüsterte mir im Vorbeigehen zu: „Wir sehen uns nach der Aufnahme in meiner Garderobe!", und wandte sich dann an die anderen Talkgäste – den Virologen Jonas Schmidt-Chanasit von der Universität Hamburg und ... ja, zu meiner Überraschung saßen da die beiden Damen aus dem Catering!

Beide begrüßten mich. Die Ältere, die recht frisch und elegant aussah, hieß Eva Szepesi. Die andere war ihre Tochter Anita und ungefähr mein Alter, vielleicht fünf Jahre jünger. Anita konnte es sich nicht verkneifen, mir augenzwinkernd zu stecken, dass die beiden mich schon für „ganz schön arrogant" gehalten hatten, weil ich sie im Aufenthaltsraum weder gegrüßt noch sonderlich beachtet hatte. Ich versuchte ihr zu erklären, dass das keine Absicht gewesen war, sondern eher auf meine Müdigkeit zurückzuführen, aber sie winkte lächelnd ab. „Alles okay", sagte sie nur.

Dann ging die Aufzeichnung los. Und mir wurde schlagartig klar, dass diese aparte ältere Dame – Eva Szepesi –, dass sie die *Holocaust-Überlebende* war. Ich hatte von einer solchen Person gar keine Vorstellung gehabt. Wann trifft man schon mal eine Frau, die das abscheulichste Verbrechen der Menschheit überlebt hat, das Inferno des Grauens, die millionenfache, fabrikmäßige, bestialische Tötung von über sechs Millionen Menschen ...? Eva Szepesi sah überhaupt nicht verhärmt, schwächlich oder von abscheulichen Erlebnissen gezeichnet aus. Das ging mir durch den Kopf, als das Interview mit ihr und ihrer Tochter begann.

Eva Szepesi berichtete eindrucksvoll von ihrer unfassbaren Leidensgeschichte. Als Zwölfjährige kam sie am 2. November

1944 im Vernichtungslager Auschwitz-Birkenau an. Weil ihr eine Aufseherin gesagt hatte, dass sie sich besser als Sechzehnjährige ausgeben sollte, wurde sie vor dem sofortigen Gang in die tödlichen Gaskammern bewahrt. Als sich Ende Januar 1945 der Todesmarsch aus dem Lager in Bewegung setzte, weil die Russen näher rückten, nahm man Eva nicht mit, weil man sie schon für tot hielt. Bei der Befreiung des Lagers am 27. Januar 1945 rettete sie ein russischer Soldat. Da hatte sie schon mehr als eine Woche lang ohne Essen und Trinken in der Kälte zwischen all den Leichen ausgeharrt.

Ich war entsetzt.

Natürlich kannte ich Filme zum Thema, aber die Geschichte dieser kleinen, tapferen und würdigen Frau zu hören, das war eine ganz andere Nummer. Das war kein abstraktes Filmdokument, sondern hier saß eine Frau im deutschen Fernsehen, die allen Grund hätte, nie wieder einen Fuß ins Land der Täter zu setzen. Ich rutschte während der Schilderung der Ereignisse auf meinem Sessel hin und her. Evas Tochter Anita, die vorher erzählt hatte, wie sie ihre Mutter dabei unterstützt, öffentlich über ihre Zeit im Konzentrationslager zu reden, bemerkte meine Unruhe. Sie berührte zwischendurch immer wieder besänftigend meinen Arm. Aber ich kriegte mich überhaupt nicht mehr ein. Evas Schicksal ging mir durch Mark und Bein.

Nur am Rande bekam ich mit, dass Markus Lanz mittlerweile mit Jonas Schmidt-Chanasit über ein neuartiges Virus in China sprach. Der Tenor war damals, zumindest in meiner Erinnerung: Der Chinese mag gerne Fledermaus süß-sauer, da hüpft schon mal ein putziges Virus rüber zum Menschen, das kann schlimm werden – hier bei uns aber wahrscheinlich nicht, und wenn, dann wird's auch nicht schlimmer als 'ne ordentliche Wintergrippe.

Kam alles ganz anders. Das wissen wir jetzt. Aber am 6. Februar 2020, da war Corona noch in Wuhan.

Während Lanz also mit dem Virologen plauderte, kam in mir ein Gedanke hoch: Wie wahnsinnig das eigentlich war, dass da ein Opfer im Sessel saß, das ungefähr so alt war, wie mein Vater gewesen wäre, der allerdings auf der Seite der Täter gestanden hatte. Der als Panzerfahrer im Krieg schreckliche Dinge erlebt und verbrochen hatte.

Der Gedanke war so überwältigend, so unfassbar und beschämend auf einmal. Unglaublich, wie die Zeiten sich änderten! Ich saß auf diesem Stuhl, in diesem Fernsehstudio, neben der Opferfamilie Szepesi als der Sohn meines geliebten Vaters, Vertreter des Tätervolks. Quasi als Täterkind neben dem Opferkind, eine Generation später. Zwei Kinder, aufgewachsen im Frieden, großgezogen von Eltern, die in einem mörderischen Krieg ihre Jugend verloren hatten. Was für ein Wahnsinn, was für eine Geschichte! Es überkam mich richtig bei dem Gedanken, dass wir eigentlich nichts miteinander zu tun haben dürften, weil diese Frau eigentlich nicht nur auf meinen Vater, sondern auch auf seinen Nachwuchs, auf mich, einen abgrundtiefen Hass haben müsste. Dass wir ohne Security gar nicht nebeneinandersitzen dürften. Dass diese Opferfamilie das überhaupt ertrug, in Deutschland zu sein, mit Deutschen zu reden. Ich schämte mich dafür, dass jüdische Synagogen, nach all dem, was wir Deutschen den Juden angetan haben, 82 Jahre nach der Reichspogromnacht, immernoch bewacht werden müssen. Dass Juden auf offener Straße bespuckt und beschimpft werden.

Ja, ich schämte mich fürchterlich und verzweifelte an der Frage, wie jemand, dem so etwas Schreckliches passiert ist, überhaupt die Lust und die Kraft haben konnte, im Fernsehen über das Grauen zu sprechen. Und ich war zutiefst beeindruckt und beschämt von dem Satz, den Eva Szepesi am Ende des Interviews gesagt hatte: „Ich kann nicht hassen!"

Ab da – aber das wurde mir erst später klar – hatte ich die Kontrolle über die Bühnenfigur Atze Schröder verloren.

Im Vorfeld hatte ich Markus Lanz' Idee zugestimmt, auch ein paar private Fragen über meinen verstorbenen Vater zu beantworten, hatte mir diesbezüglich allerdings vorgenommen, nur ein paar launige Schnurren über meinen geliebten Vater zu erzählen. Die Idee hatte Markus gehabt, weil ich in einem Interview mit Clara Ott in der *Welt am Sonntag* schon mal einen kleinen Einblick in meine privaten Ansichten abseits der Bühnenfigur Atze Schröder gegeben hatte. Meine Einstellung dazu war: Allzu viele Hoffnungen sollte sich Markus nicht machen. Ich hatte keine Lust, groß über Privates zu reden. Vielmehr hatte ich Bock auf charmante Legendenpflege mit ein paar Lachsalven aus meiner gut geschmierten Pointenorgel.

Aber immer hübsch der Reihe nach.

Markus Lanz hatte die schweren Themen Holocaust und Corona hinter sich gebracht und wollte die Sendung mit mir in Heiterkeit und bester Atze-Manier nach Hause schaukeln. Dachte ich jedenfalls. Am Anfang ging ja auch alles auf. In der Redaktion hatte man alte YouTube-Videos aus den Anfangstagen meiner Comedygruppe The Proll ausgegraben, auf denen ich absurd bescheuert aussah und die Darbietung nicht minder skurril war. Herrlich! Das Publikum lachte sich mit uns kaputt. Es konnte nur noch besser werden.

Irgendwann kamen die ersten Fragen zu meinem Vater. Ich erzählte, dass er einer meiner besten Freunde war und dass ich das große Glück hatte, ihm die Hand zu halten, als er friedlich starb. Was mir allerdings nicht half, meine Trauer über den immensen Verlust richtig zu verarbeiten. Jahre später hat mich das ganz schön gebeutelt. So ist das eben: „Alles Unterdrückte und Verdrängte steht eines Tages vor der Tür und haut dir zur Begrüßung in die Fresse!" Mit diesem etwas rüden Spruch wollte ich zurück ins rustikale Fahrwasser, denn ich spürte, wie in meiner eh schon wenig stabilen Verfassung und bei der Erinnerung an meinen geliebten Vater der Kloß in meinem Hals immer größer wurde. Aber da hatte ich die Kontrolle, wie gesagt, schon verloren. Es sprach nur noch der Privatmensch Atze. Über die vielen Selbstmorde in der Familie meines Vaters, seine Brüder, meine Großmutter – ich konnte einfach nicht aufhören, die verdammte traurige Wahrheit zu erzählen.

Markus war feinfühlig genug, nur minimal einzugreifen. Er spürte, dass ich nicht anders konnte: Ich musste reden. Darüber, dass mein Alter als Jugendlicher in diesem beschissenen Krieg mit seinem Panzer andere Menschen tötete, weil es im Krieg nun mal um nichts anderes geht als ums Töten. Dass er später in russischer Gefangenschaft überlebte. Und dass er, endlich heimgekehrt, beschloss, ein guter Mensch zu werden und die schrecklichen Gräueltaten zu vergessen. Er trichterte mir ein, niemals eine Waffe in die Hand zu nehmen. Sagte mir die Wahrheit über seine schrecklichen Taten, beschönigte nichts.

Markus Lanz ist ein Profi, der weiß, wann er seine Gäste „laufen" lassen muss. Als ich etwas zur Ruhe kam, fragte er: „Was würde dein Vater sagen, wenn er jetzt hier wäre?"

Die Frage traf mich wie eine mächtige Abrissbirne. Ich schluckte. Sanft sah Markus mich an und fragte noch mal, ruhig und bestimmt. „Was würde dein Vater machen, wenn er jetzt hier wäre?"

Ich war kaputt, ich konnte nicht mehr. Ich wollte weinen, unterdrückte die Tränen. Der beschissene Kloß im Hals wurde noch größer. Ich verlor die Fassung.

„Er würde sich entschuldigen, vermute ich mal...", hörte ich mich sagen. Dann stand ich auf, ging zu Eva Szepesi hin, gab ihr die Hand und entschuldigte mich.

Eva sah mich an, ergriff meine Hand und sagte: „Danke. Das bedeutet mir sehr viel!"

Auch bei Anita, ihrer Tochter, entschuldigte ich mich. Sie nahm meine Hand mit den Worten: „Alles ist gut!"

Ich setzte mich wieder hin und ließ ein paar Tränen raus.

Mein Name ist Atze Schröder. Ich habe bei Markus Lanz in der Talkshow gesessen und geweint, weil ich traurig und glücklich war. Traurig, weil mein Vater schon lange tot ist. Traurig, weil von einigen widerlichen Menschen versucht wird, Judenhass und Rassismus in unserem Land wieder salonfähig zu machen. Glücklich, weil Eva Szepesi mich nicht hassen kann. Weil ihr meine Entschuldigung etwas bedeutet.

Ich war 55 Jahre alt, und jeder, der genauer hingeschaut hat, konnte Tränen hinter meinen blauen Augen sehen. Ich bin ein sogenannter Star, ein „A-Promi", eine „Comedy-Legende", ein „Humor-Titan". Doch am Ende jener Sendung hat die Kunstfigur Atze Schröder die Bühne verlassen. Geweint hat Atze Schröder, der Mensch hinter der Figur. Wie konnte das passieren? Und wieso hatte ich zum ersten Mal das Gefühl, etwas wirklich Wichtiges, Anständiges und Bedeutendes getan zu haben, nach all den Jahren? Was ist überhaupt passiert, seit ich in Essen-Kray das Licht der Welt erblickte? An einem Montag, dem 27. September 1965 ...

ZEUGUNG UND GEBURT

„Clara, ich bin alles, was du dir je erträumt hast, nur mit Bauch."

Prustend vor Lachen verschluckte sie sich an ihrem Pausenbrot und spannte vorsichtshalber ein neues Blatt in die Schreibmaschine, Modell „Gabriele". Immer wenn mein Vater im Büro der Essener Malerfirma Brockmann auftauchte, um seine Lohnabrechnung in Empfang zu nehmen, strahlte meine Mutter übers ganze Gesicht. Da konnten die beiden natürlich noch nicht wissen, dass sie mal meine Eltern werden würden. Wahrscheinlich ahnten die lebenshungrigen Nachkriegsjugendlichen auch nicht, dass sie schon bald heiraten würden. Mein zukünftiger Vater hatte allerdings eine konkrete, wenn auch etwas lüsterne Vorstellung, was er mit der Schönheit hinter dem Schreibtisch gern anstellen würde. Clara wiederum war aufgefallen, dass Hubert Schröder, der junge Malergeselle, seit geraumer Zeit öfter als nötig bei ihr am Schreibtisch stand und heftig mit ihr schäkerte.

„Clara, was soll ich noch alles machen, damit du mit mir tanzen gehst?"

„Lass dir was einfallen, du bist doch sonst nicht so auf den Kopf gefallen. Kannst du denn überhaupt tanzen, Hubert?"

„Nee, aber ich wollte nicht mit der Tür ins Haus fallen. Dann geh wenigstens mal mit mir auf die Cranger Kirmes, zusammen Geisterbahn fahren!"

Sie lachte kokett und schaute ihn neckisch an. „Da musst du mich aber beschützen, Hubert. Sonst bekomme ich am Ende noch Angst ...!"

Er griente und balzte unverhohlen zurück: „In meinen Armen bist du so sicher wie in Abrahams Schoß!"

Ich habe nie herausbekommen, ob meine Eltern sich erst einmal vorsichtig und sittsam angenähert haben oder ob nach dem ersten Ankuscheln in der Geisterbahn schon von der Schusswaffe Gebrauch gemacht wurde. So richtig rückten sie mit der Sprache nicht heraus. Meine Mutter erzählte lieber ausführlich von einem Picknick im Grugapark, bei dem mein Vater ihr Herz endgültig erobert haben soll. Davon an dieser Stelle nur so viel, dass meine Schwester schon in jungen Jahren – nicht nur wegen ihrer Vorliebe für das gleichnamige Kinderbuch – liebevoll „das kleine Gespenst" genannt wurde ...

Wenn wir schon mal bei legendären Zeugungsakten sind, möchte ich die Gelegenheit natürlich nutzen und meine Entstehungsgeschichte schildern.

Als Hubert und Clara 1964 schon längst ein Ehepaar mit einer kleinen Tochter waren, begab es sich, dass mein Alter bei der Karstadt-Mitarbeiterweihnachtsfeier mit seiner Kapelle Die Blizzard Boys auftrat. Die jungen Musiker heizten der Kaufhausmischpoke mit ihrem Repertoire kräftig ein. Der Saal tobte, die Stimmung war auf dem Siedepunkt. Hormongeschwängerte Schweißwolken machten aus dem leer geräumten ersten Stock (Parfüm und Damenstrümpfe) einen Hexenkessel, der langsam überkochte.

Als die Blizzards dann plötzlich, völlig illegal und ohne Genehmigung der Direktion, *I Want to Hold Your Hand* von den Beatles spielten – selbstverständlich ohne ein Wort Englisch zu können –, tickte die Meute komplett aus. Ekstase pur! Dabei war vorher noch vereinbart worden, keine Lieder in „Kaugummisprache" – damit war Englisch gemeint – zu singen. Und jetzt das: ein Lied von diesen langhaarigen Usselköppen. Skandal!

Das Ganze hätte legendär werden können, und der Karstadtkonzern wäre heute vielleicht noch bei bester finanzieller Gesundheit, wenn der Hausmeister Heinrich A. Sabolewski an dem Punkt nicht die Hauptsicherung rausgedreht hätte. „Nazi-Sabo", wie er von allen genannt wurde, waren diese Hottentottenmusik und artfremde Gliederverrenkung schon seit Langem ein Dorn im Auge. In seinen Augen war das der Untergang Deutschlands. Schon beim Aufbau der Musikanlage war er am Stänkern gewesen, und die stolzen Blizzards mussten sich Sprüche anhören wie: „Mit euch langhaarigem Gesocks kann man doch keinen Krieg gewinnen."

Da war er bei meinem Alten an der richtigen Adresse: „Wegen Idioten wie dir haben wir immerhin schon zwei verloren, du Spacko!"

Dabei war Sabo während des Krieges einfach nur Schleusenwärter gewesen. Mit einem Arm, der andere war amputiert worden. Das war aber keine heldenhafte Kriegsverletzung. Vielmehr hatte sein Riesenmümmler Adolf ihm beim Kaninchenfüttern in den Finger gebissen, und der Tonto war mit der kleinen Blutvergiftung nicht zum Arzt gegangen. Nach 1945 hatte er sich den Haken dann geradebiegen lassen, um etwaigen Verdächtigungen zuvorzukommen. Ein echtes Genie! Oder, wie mein Alter sagte: Was für ein Arschloch.

Für die Blizzards war der Abend nach dem Sabotageakt jedenfalls zu Ende, und der Abteilungsleiter weigerte sich, die vereinbarte Gage von 75 Mark auszuzahlen. Beim Einladen der Instrumente und der Soundanlage in den Hanomag ließ Papa es sich jedoch nicht nehmen, dem Spirituosenlager im Erdgeschoss noch einen kleinen, heimlichen Besuch abzustatten. Er gelangte von der Laderampe aus ins Depot. Geschickt erbeutete er für seine Bandkollegen mehrere Flaschen Cognac und eine Kiste allerfeinsten Dom-Pérignon-Champagner, die er allerdings für sich behielt.

Champagner war für Otto Normalverbraucher damals ein unerschwinglicher Luxus. So was tranken nur die Reichen und Filmstars wie Nadja Tiller, Anita Ekberg oder Brigitte Bardot. Inge Meysel wurde zumindest nie mit der Edelbrause gesehen. Alles in allem also doch noch ein gutes Geschäft, trotz des erzwungenen Gagenausfalls. Der Diebstahl wurde zur allgemeinen Freude dann auch noch dem verhassten Hausmeister angelastet. Ein toller Abend! Und er wurde noch besser.

Laut meiner Mutter kam Hubert bestens gelaunt nach Hause. Die Kiste mit dem Schampus pfefferte er im Wohnzimmer auf den Kacheltisch und rief: „Buona sera, signorina, buona sera, it is time to say goodnight to Napoli!"

Als Muttern neugierig aus der Küche angelaufen kam, knallte auch schon der erste Champagnerkorken, und sie schaltete begeistert in den Sophia-Loren-Modus um, den sie vorzüglich draufhatte.

Der viel beschworene Champagnerkick und ein sie heftig anschmachtender Hubert machten aus der braven Familienmutter Clara eine hochattraktive Salonlöwin auf Beutezug. Was den Partyfaktor anging, waren meine Eltern auf Augenhöhe mit Aristoteles Onassis. Allerdings ohne die blöden Tanker und das viele Geld. Außerdem war Mama der divenhaften Maria Callas stimmlich haushoch überlegen, allerdings nur, wenn sie ordentlich einen im Schlappen hatte.

Mein Alter köpfte die zweite Flasche Dompi, schnappte sich sein Akkordeon und kurbelte meine tanzende Mutter auf dem Couchtisch hoch und runter. Eine Stunde später war der dritte Korken an die Schleiflackdecke geflogen, und auf dem Sofa wurde *James Bond – Liebesgrüße aus Moskau* nachgespielt. Mein Vater zog alle Register, schließlich war er im Auftrag seiner Majestät unterwegs. Als die Liebeskugel aus dem Schaft seiner Walther PPK schoss und Claras Augen vor Glückseligkeit brachen, stöhnte er mit letzter Kraft: „Dat wird einer!"

Anschließend rauchte meine Mutter ihre wohlverdiente Zigarette und sagte siegesgewiss: „Dat wird 'n Junge."

James Hubert Bond kratzte sich am Kinn. „Wieso dat denn?"

„Du hast die Socken noch an. Dat wird unser kleiner Atze!"

Am 27. September 1965 um 6.05 Uhr wurde ich als Beweisstück jener steilen These an die frische Luft gesetzt. Viele Erinnerungen an meine Zeit vor der Geburt habe ich nicht mehr, aber meine Begeisterung für Champagner ist geblieben. Gute Arbeit, Papa, wie mit dem Ohr gemalt!

Während „meiner" Schwangerschaft wurde meinen Eltern klar, dass die Zweizimmerwohnung an der Wattenscheider Straße für vier Leute auf Dauer zu klein sein würde. Was tun? 1965 war Wohnraum knapp, und längst nicht alle Buden hatten Heizung, Toilette oder gar ein Badezimmer.

Meine Oma hatte die rettende Idee: „Kommt doch alle zu mir ins schöne Münsterland! Seit mein Heinrich tot ist, wohn ich in dem großen Haus ja ganz alleine. Dann kommt wenigstens wieder Leben in die Bude, und die Kinder sehen auch mal Kühe statt Autos." Für Oma war das Ruhrgebiet eine einzige große Zechenkolonie, ein Albtraum in Schwarz-Weiß.

Meine Eltern nahmen dankend an. Der Umzug ins Münsterland dauerte allerdings etwas, weil Papa für die Firma noch einen Großauftrag zu erledigen hatte.

Damals waren die meisten Frauen noch unbekümmerter unterwegs, was das Kinderkriegen anging. Heute ist eine Schwangerschaft ja eine Art wissenschaftlich-esoterisches Großprojekt, das umfangreiches Wissen in Ernährungslehre und wenigstens ein Grundstudium der Allgemeinmedizin erfordert. Die junge, moderne Mutter des Jahres 2022 ist mit allen Wassern gewaschen. Resonanztherapie, Beckenatmung, Spitzkopfyoga, Friedensschwimmen, ganzheitliches Gebären, Singen mit Buckelwalen ... die Möglichkeiten sind unendlich. Wunderbar! Das einzige Thema, das dies noch überstrahlt, ist das „Wo": Wo soll das Kind geboren werden? Im Kreißsaal, auf der Rasenplane im Wald, unter Wasser, in der Präsidentensuite des Adlon, im Bällebad bei Ikea, im Wald hockend, im Geburtenkloster, umgeben von Shaolin-Mönchen ...?

1965 war die Sache dagegen klar. In Essen wurden Geburten im Elisabethkrankenhaus erledigt, und zwar im erbswurstgrün gekachelten Kreißsaal, mit robustem Gullyschacht in der Mitte der sterilen Hölle.

Geburtsvorbereitung gab's damals jedoch auch schon. Exakt eine Stunde vor der Geburt erschien die berühmt-berüchtigte Brachialhebamme Mechtild mit ihren Riesenpranken im Kreißsaal. Unhöflich, aber bestimmt, gab sie meiner armen Mutter knappe Anweisungen: „Brüll nicht so rum, immer schön drücken, und für alle Fälle hab ich hier noch ein Beißholz!"

Mit dieser rustikalen pädagogischen Art hatte die eiserne Mechtild schon etwa tausend unschuldigen Babys den Sprung ins Leben gründlich versaut. So auch in meinem Fall. Hatte ich eben noch gemütlich in meiner warmen Höhle bei Kaffee und Mutterkuchen gesessen, so wurde ich nun, wenige Pressattacken später, durch einen viel zu kleinen Geburtstunnel ungefragt in die kalte, raue Welt befördert. Scheiße, war das kalt! Und hell. Und ungemütlich. Zudem schnitt ein mir völlig unbekannter Arzt eigenmächtig meine Nabelschnur durch. Schön ist was anderes. Wie meine Mama immer sagte: Es ist nicht alles Kind, was rauskommt!

Es gab aber auch Schönes zu entdecken. Die zauberhafte Frau, die mich rausgedrückt hatte, war äußerst lieb zu mir. Ihre Riesenbrüste beeindruckten mich sowohl ästhetisch als auch von der Konsistenz her, zudem kam ein herrliches Getränk aus den wunderbaren Dingern. Meine Mutter roch gut, sie war warm und gab mir Nahrung. Ich war schockverliebt. Nie wieder würde ich jemand mehr lieben können! Und so beschloss ich bereits in diesem frühen Stadium meines Lebens, das hinreißende Geschöpf spätestens an meinem achtzehnten Geburtstag zu heiraten. Top-Olle!

Am nächsten Tag lernte ich endlich auch meinen Vater kennen. Die Stimme kannte ich ja schon, das Äußere war ansprechend, wenn auch noch etwas verschwommen. Ein grundsympathischer Kerl. Auch er zeigte sich begeistert von seinem Werk, und ich hatte das untrügliche Gefühl, bei den beiden sehr erwünscht zu sein. Diese liebevolle Verbindung sollte sich für den Rest unseres gemeinsamen Lebens nicht mehr ändern.

Der Name, den Papa dann auf dem Standesamt ins Familienstammbuch eintragen ließ, war Schall und Rauch, denn schon ab der ersten Woche wurde ich von allen nur Atze genannt.

Als ich mit meinen Eltern nach Hause kam, war ein Familienmitglied allerdings weniger angetan. Meine Schwester, in den letzten Tagen von Tante Agnes betreut, hatte nicht auf dem Zettel, dass von nun an auch ein kleiner Prinz Ansprüche stellte. Oder überhaupt Aufmerksamkeit bekam. Sie war *not amused!* Und ich bin mir hundertprozentig sicher, dass schon da der Plan in ihr reifte, mich bei jeder Gelegenheit vorzuführen und zu demütigen.

Im Sommer 1966 war es dann so weit: Der Lkw, den uns der Malerbetrieb Brockmann freundlicherweise geliehen hatte, stand vor dem Haus. Stunden später waren die sogenannten Möbel inklusive des legendären Kacheltisches und Papas Schlagzeug verstaut, und mit viel guter Laune fuhr die Familie Schröder ins ach so grüne Münsterland.

Mein Vater lenkte den alten Hanomag. Neben ihm auf der Doppelsitzbank: meine Schwester Anne und meine Mutter mit mir auf dem Schoß. Auf der Ablage vor der Windschutzscheibe: zwei Thermoskannen mit Kaffee, vier Brote mit Ei und zwischendurch auch mal meine ewig plappernde Schwester. Kopfstützen und Sicherheitsgurte waren völlig unbekannt. Man hielt sich fest und versuchte durch beherztes Wegatmen, den stinkigen Zigarettenrauch aus der Fahrerkabine zu verbannen. Idylle pur.

Ich hatte beim Einpacken der tausend Sachen Gott sei Dank nicht mithelfen müssen, wahrscheinlich auch, weil ich noch nicht laufen konnte. Meine Mutter erzählte jedem in Reichweite, dass ich ihr Sonnenschein sei und immer gute Laune hätte. Mir war vor allem wichtig, dass immer genug Muttermilch da war und sich ihre Nippel in Reichweite befanden. Meine Schwester hasste mich deswegen. Sie wollte natürlich auch wieder an diese herrliche Theke des freudigen Genusses, aber das Lokal war eben nur noch für den kleinen Atze geöffnet. Sorry, only for members, kleine Prinzessin!

Doch wenn ich geahnt hätte, was dadurch im Kopf meiner Schwester an Bösem erwachte, hätte ich sie augenblicklich und liebend gerne selbst gestillt.

Nach zwei Stunden Fahrt stand der Möbelkutter qualmend vor Omas Haustür. Oma strahlte wie ein Primelpott, und alle hatten den Eindruck, dass ihr größter Wunsch in Erfüllung gegangen war. Ihre Tochter war wieder zu Hause! Mit meinem Papa verstand sie sich auch bestens, und nach uns Kindern war sie sowieso total verrückt. Ich muss es an dieser Stelle mal sagen: Das war heile Welt in Reinkultur. Von da an war immer jemand zu Hause, und für Kinder ist so ein Haus mit Garten selbstredend großartig.

Die ersten Jahre teilten meine Schwester und ich uns ein Zimmer, was ich ziemlich lustig fand. Anne war nicht so begeistert. Ihr Unmut über meine bloße Existenz wurde langsam, aber sicher befeuert. Die dunkle Seite in ihr wurde stärker – unbemerkt, denn sie war schlau genug, ihren Hass auf mich vor unseren Eltern zu verbergen.

Meine Oma Johanna war ein sehr glücklicher Mensch. Wir Kinder liebten sie über alles und schlossen sie über die nächsten Jahre als Bilderbuchoma in unser Herz.

Johanna war 1895 geboren und hatte somit schon einige Katastrophen erlebt. In der strengen Kaiserzeit von Wilhelm II. wuchs sie mit preußischen Erziehungsidealen auf. Sie war erst achtzehn, als es mit Hurra in den Ersten Weltkrieg ging. Vier Jahre später war der bereits verloren, woraufhin nicht die Trottel aus dem Kaiserhaus oder die Generäle die Suppe auslöffelten, sondern die einfachen Leute. Mühsam versuchte jeder, sich durchzuschlagen. Es ging nicht um das Lebensglück, sondern um das Glück zu überleben. So war die Weimarer Republik: Inflation, Arbeitslosigkeit, Weltwirtschaftskrise! Das machte vielen schwer zu schaffen und öffnete das Tor für die dumpfe Ideologie der Nationalsozialisten.

Ehe Oma sich's versah, entfachten die braunen Verbrecher nur wenige Jahre nach dem letzten Krieg die größte Katastrophe, die die Welt bis heute erlebt hat: Der Zweite Weltkrieg begann am 1. September 1939 mit Hitlers Überfall auf Polen. Mehr als siebzig Millionen Menschen fielen dem Nazi-Wahnsinn zum Opfer. Nach der Kapitulation der braunen Mordschergen musste Johanna mit ihrem Heinrich und den vier Töchtern mal wieder von vorn anfangen. Ganz Deutschland war ein Trümmerhaufen, der vor allem von tüchtigen Frauen wieder flottgemacht werden musste.

In den Fünfzigern ging es dank der Währungsreform und des beginnenden Wirtschaftswunders erstmals wieder bergauf für die kleine Frau mit dem großen Herzen. Ihre Töchter waren gut verheiratet, und das Leben sah endlich wieder rosig aus. 1964 starb Heinrich dann nach kurzer, schwerer Krankheit. Nun war sie allein mit der Stille in dem leeren Haus – und selig, dass wir mit Sack und Pack dort einzogen.

1966 hatten die wenigsten Einfamilienhäuser eine Zentralheizung. Omas auch nicht. Genauso wenig gab es in unserem neuen Heim eine Dusche, und durch die Einfachverglasung pfiff der Wind schlimmer als Klaus Meine im Intro von *Wind of Change*. Kalt war uns aber nie, weil Oma Johanna uns alle warmhielt. In jedem Zimmer stand ein Holzofen, gekocht wurde auf dem Küchenherd mit Holzfeuer.

Samstags war Badetag. Da hieß es für uns Kinder: Ab in die Zinkwanne! Das Wasser wurde auf dem Herd erhitzt. Anne und ich mussten immer gleichzeitig rein in die milchige Kernseifenbrühe. Dann folgten wahrlich paradiesische Momente: In Handtücher eingemuckelt gab es heißen Kakao und 'ne

Eierstulle mit Butter. Aber das war längst noch nicht der Höhepunkt! Da wir kein Fernsehgerät hatten und das Nordmende-Röhrenradio mit dem magischen Auge auch nur selten eingeschaltet wurde, wird mancher sich jetzt sicherlich fragen, was nun noch kommen konnte. Ganz einfach: Die Sensation war selbst gemacht. Nicht nur mein Papa war ein begnadeter Geschichtenerzähler – auch Oma war eine Garantin für leuchtende Kinderaugen. Wenn Anne und ich dann mit glühenden Wangen todmüde von Papa ins Bett gebracht wurden, waren wir von den mit viel Fantasie vorgetragenen Abenteuern so erschöpft, dass uns nach wenigen Sekunden der Schlaf übermannte.

Ich weiß, das klingt jetzt alles nach gütiger Märchenoma. Trotzdem will ich hier keine Zweifel aufkommen lassen, dass meine Oma zugleich eine sehr selbstbewusste, intelligente Frau war, die bis ins hohe Alter zeitgenössische Literatur gelesen hat und immer ein großes Interesse an Bildung hatte. Die Ideale der Frauenbewegung waren ihr ein stetes Anliegen. Zurückblickend denke ich, dass diese starke, warmherzige und kluge Frau mich in meiner Lebenseinstellung am meisten geprägt hat.

Ein Erlebnis hat mich besonders beeindruckt. Am 6. Juni 1971 erschien eine Ausgabe der Illustrierten *Stern* mit der Titelschlagzeile „Wir haben abgetrieben!". Dazu waren zum Teil prominente Frauen auf dem Cover abgebildet, die öffentlich bekannten, ihre Schwangerschaft abgebrochen und damit gegen geltendes Recht, nämlich den umstrittenen Paragrafen 218, verstoßen zu haben. Unter den Teilnehmerinnen befanden sich Stars wie Senta Berger, Romy Schneider und Vera Tschechowa, aber auch viele „normale" Frauen.

Ich erinnere mich noch genau daran, dass ich mit Oma den örtlichen Tabak- und Zeitschriftenladen betrat und Oma zwei Packungen Lord Extra und ebendiese *Stern*-Ausgabe kaufte.

Beim Kassieren schaute der Inhaber der Lottobude sie missbilligend über den Rand seiner schwarzen Hornbrille an und raunzte: „Den Schund verstecken Sie mal lieber vor dem Kleinen. Früher wären solche Weiber im Lager gelandet."

Oma nahm wortlos die mit einem Gummiband zusammengerollte Zeitschrift und verpasste dem Quatschkopf rechts und links saftig was um die Ohren. Dabei schaute sie ihm direkt ins Gesicht und zischte: „Schäm dich, du widerlicher Pinscher!"

Gebannt hatte ich das Schauspiel verfolgt. Während sich der Lotto-Nazi noch verdattert die knallroten Wangen hielt, nahm Oma mich an die Hand und zog mich zum Ausgang. Wortlos verließen wir den Laden. Auf dem Bürgersteig blieb sie stehen, beugte sich mit ernstem Gesicht zu mir herunter und sagte: „Atze, merk dir das, gegen Dummheit ist kein Kraut gewachsen. Du bist ein kluger Junge. Rede einem dummen Menschen niemals nach dem Mund!"

Ab da war mir endgültig klar: Mit Oma an meiner Seite konnte mir auf dieser Welt nichts passieren.

Ansonsten war die Welt im katholischen Münsterland eigentlich ganz in Ordnung. Wie das so ist in der Provinz, die Uhren gehen langsamer, dafür sind die Stunden länger und schöner. Statt im Kinderzimmer waren wir fast das ganze Jahr an der frischen Luft. Ich will das gar nicht romantisch verklären, es war einfach so. Wir Kinder, auch die aus der Nachbarschaft, konnten im Prinzip machen, was wir wollten. Hier ging ja keiner verloren! Wenn man mittags mal nicht zu Hause war, saß man halt bei einer anderen Familie am Tisch und futterte mit.

In meiner Erinnerung habe ich die ersten Jahre hauptsächlich auf Kuhwiesen, am Bach oder in selbst gezimmerten Baumhäusern verbracht. Vormittags ging es in der Woche natürlich in den Kindergarten. Dort hatten damals noch die Nonnen das Sagen und führten ein strenges Regiment. Meine besten Kindergartenfreunde, Hermann und Andreas, waren Brüder im Geiste. Krawallbrüder, vor allem! Immer wieder stellten wir die Geduld unserer frommen Erzieherinnen auf die Probe. Regelmäßig mussten wir an einem separaten Tisch unsere Strafstunden absitzen. Wir waren zwar nicht die Fleißigsten beim Aufräumen, konnten aber sehr ausdauernd sein, wenn es um das Verzapfen groben Unfugs ging.

Gegenüber vom Kindergarten gab es eine Baustelle, wo ein neues Einfamilienhaus errichtet wurde. Damals wurde die Einfachverglasung (Doppelverglasung war noch nicht erfunden) einfach in die Fensterrahmen eingekittet. Dieser Kitt hatte es uns angetan. Mit Herzblut und Leidenschaft popelten wir in einer sorgfältig geplanten Nachmittagsaktion sämtlichen Kitt aus den Rahmen. Damit konnte man nämlich super kneten. Leider kam uns auf der Zielgeraden Schwester Hildegard in die Quere. Zur Belohnung gab es einen Satz heiße Ohren, und unsere Eltern wurden verständigt.

Mein Vater erschien am Tatort. Vor der aufgebrachten Nonne spielte er den strengen Erziehungsberechtigten, grinste aber, kaum dass wir allein waren, und brachte nur ein kopfschüttelndes „Mann, Mann, Mann!" über die Lippen. Ein wenig Stolz schwang auch mit, angesichts unserer großen Kreativität. Als Maler war er zum Glück in der Lage, die Scheiben bereits am folgenden Samstag wieder fachgerecht einzusetzen. Damit war die Sache für ihn erledigt. Rückblickend muss ich sagen, dass mein Vater eigentlich immer sehr milde reagierte, was meine Kindergartenstreiche anging. Später strapazierte ich sein Verständnis allerdings derart, dass selbst ihm der Kragen platzte und es richtig Dresche gab.

Aber immer schön der Reihe nach.

Hermanns Vater hatte eine Bäckerei. Früher war eine Bäckerei noch eine Bäckerei. Mit Lehrlingen, Gesellen und einem Bäckermeister. Der stand nachts um zwei in der Backstube (das Wort existiert wahrscheinlich schon gar nicht mehr!), um den Ofen anzufeuern. Wenn dann in aller Herrgottsfrühe der Rest der Belegschaft kam, konnte die Produktion aus dem Stand auf Hochtouren gebracht werden. Fertigprodukte gab's so gut wie gar nicht. Der Natursauerteig für Brote wurde jeden Tag neu angesetzt und durfte auf großen Blechen in Ruhe reifen.

Ganz fortschrittlich hatte Hermanns Papa eine riesige Knetmaschine angeschafft. Diesem Ungetüm durften wir Jungs uns höchstens auf drei Meter nähern, weil der Knethaken unerbittlich seine Kreise zog. Über der Maschine befand sich ein fünfzig mal fünfzig Zentimeter großes Loch in der Decke, das auf der Oberseite, also auf dem Dachboden, lediglich mit einer Metallplatte abgedeckt war. Mit viel Ehrgeiz und einer Brechstange gelang es uns Steppkes, besagte Abdeckung mit vereinten Kräften zur Seite zu schieben. Von oben schauten wir dann fasziniert zu, wie der Teig von dem Knethakenungetüm immer wieder gnadenlos durchgewalkt wurde. Präzise, sauber und ordentlich.

Ich weiß nicht mehr, wer von uns zuerst auf die hirnverbrannte Idee kam, aber wir holten fast gleichzeitig unsere ungewaschenen Minipimmel aus dem Feinripptempel, zielten beherzt durch die Öffnung und strullerten munter drauflos. Eine dreistrahlige Pinkeldüse wässerte den Sauerteig und verlieh ihm eine herzhafte Golden-Shower-Note. Gott sei Dank hatte unten in der Backstube niemand was bemerkt. Auch später kamen keine Klagen über saures Brot von der Kundschaft. Es hat wohl allen gut geschmeckt, wahrscheinlich auch uns Übeltätern, denn unsere Mütter kauften selbstverständlich auch in der Bäckerei ein. Lecker!

Rückblickend möchte ich diese Aktion nicht unnötig glorifizieren, doch wir waren sicher Vorreiter eines Trends, der sich später fest in der alternativen Heilslehre etablieren sollte. Wer's nicht glaubt, kann sich heute noch das Buch *Ein ganz besonderer Saft – Urin* der bekannten Rundfunkmoderatorin Carmen Thomas besorgen, erhältlich in guten Buchhandlungen.

Natürlich erinnert man sich hauptsächlich an den groben Unfug, den man in der Kindheit verzapft hat. Wir waren eine muntere Truppe und hatten jede Menge Unsinn im Kopf. Trotzdem ist aus allen was Ordentliches geworden. Hermann wurde Arzt, Andreas studierte Agrarwissenschaften und bewirtschaftet heute einen großen Bauernhof.

Jahrzehnte später traf ich Hermann per Zufall in einem Club in Berlin. Ich stand am Urinal. Wie es sich unter anständigen Männern gehört, starrte ich diskret auf das Nachbargemächt, natürlich auch, um mich meiner Führungsposition nochmals zu vergewissern. Als mein Mitstreiter ansatzlos und mit unvergleichlichem Wasserdruck seine Blase erleichterte, war mir sofort klar: Diese Naturgewalt konnte nur einer entfesseln. Ohne hochzuschauen, sagte ich: „Hermann, was machst du in Berlin?"

Der Gute ließ sich nicht aus der Ruhe bringen. Er schüttelte ungerührt seinen Urinschlegel ab, und von da an ging es rund. So mancher Liter lief noch über unsere Nieren und rief Erinnerungen an das Aroma unserer Kindheit wach. Alte Freundschaft rostet nicht ...

Die Nonnen im Kindergarten hatten also alle Hände voll zu tun, uns in Schach zu halten. Die gottesfürchtigen Damen waren in der Wahl ihrer Methoden recht rustikal unterwegs. Im Namen des Herrn habe ich so viel Prügel kassiert, dass ich noch Jahre später bei Boxkämpfen von Ali, Frazier oder den Klitschkos immer an die saftigen Nonnen-Backpfeifen denken musste.

Trotzdem ging ich gerne in den Kindergarten. Morgens wurde gesungen und dann in der Morgenandacht dem lieben Gott gedankt. Tatsächlich kreisten meine Gedanken oft um unseren allmächtigen Schöpfer. Sein eigenartiges Konzept leuchtete mir partout nicht ein. Einerseits hatte er mich so erschaffen, wie ich war – andererseits ließ er mich dafür ständig von Schwester Mike Tyson verdreschen! Alles in allem ein recht eigenartiges System. Jesus, Gottes Sohn, schien noch ganz okay zu sein, „Liebe deinen Nächsten wie dich selbst" war ja eine gute Idee. Unsere Nonnen mussten diese Stelle aber überlesen haben, oder sie mochten sie nicht so.

Weil unsere Kita ein katholischer Kindergarten war, mussten wir selbstverständlich auch dauernd in die Kirche. Für Kinder eine wahre Folter. Aufstehen, hinknien, aufstehen, sitzen, singen, hinknien. Und wehe, einer war nicht schnell genug oder quatschte dazwischen! Das zog schmerzhafte Konsequenzen nach sich. Ich kann heute noch viele Strophen von Kirchen-Oldies wie *Lobet den Herren* und anderen Fangesängen auswendig. Bei der Stelle in dem Song *Wahrer Gott*: „Preis dir, du Sieger von Golgatha, Sieger wie keiner, alleluja", denke ich mehr an Nordkorea als an einen gütigen Vater.

Die katholische Kirche mit ihren irdischen Servicekräften ist ja insgesamt eine ziemlich spaßbefreite Truppe. Dauernd geht es um Büßen, Leiden, Schuld, Sühne und ganz viel Lustfeindlichkeit. Ihr bester Mann wurde erbarmungslos ans Kreuz genagelt. Da hat es mich als Kind nicht sonderlich verwundert, dass der irritiert vom Haken runterruft: „Vater, Vater, warum hast du mich verlassen?" Logischerweise ist das die Stelle, wo jedes Kind denkt: Echt nicht nett, den Alten würde ich keines Blickes mehr würdigen! Ich weiß noch, dass ich meinen Vater immer wieder gefragt habe, ob er mir geholfen hätte, wenn man mir so was Mieses angetan hätte. Da mein Papa mich mochte, war seine Antwort jedes Mal: „Junge, ganz klar – ich hätte dich da rausgeholt und denen ordentlich das Fell über die Ohren gezogen!"

Somit kam ich als Kind zu folgendem Schluss: Gott ist als Vater und himmlischer Teamchef schräg drauf. Dem war nicht so richtig über den Weg zu trauen. Oder wie sollte ich es verstehen, wenn beim Zubettgehen „Morgen früh, wenn Gott will, wirst du wieder geweckt" gesungen wurde? Mich beruhigte das kein bisschen. Was war denn, wenn Gott das *nicht* wollte? Eine Frage, die mein kleines Kinderlockenköpfchen schwer beschäftigt hat.

Wie schon gesagt: Die Kindergartenzeit war nicht die schlechteste. Trotz der unsäglichen katholischen Hardcore-Pädagogik, der strengen Nonnen und der haarsträubenden Bibel-Storys. Einzig die Geschichte, wo Jesus über den See Genezareth spaziert, überzeugt mich bis heute. Daher kommt wahrscheinlich meine spätere Begeisterung fürs Surfen. Aber mit dem Glauben hab ich es nicht so. Glauben heißt eben nicht wissen! Der vierzehnte Apostel, Lemmy Kilmister von Motörhead, hat das mal in einer brillanten Kurzanalyse auf den Punkt gebracht: „Dünne Geschichte, die christliche Religion. Jungfrau wird schwanger von einem Geist, bleibt aber Jungfrau. Sagt zu ihrem Mann, ich bin schwanger, Darling, aber mach dir keine Sorgen, ich bin ja immer noch Jungfrau. Menschen, die sich so benehmen, verdienen es, in einem Stall übernachten zu müssen."

Tja, so war er, der gute alte Lemmy. Schlimme Musik, aber sehr unterhaltsame Zitate.

Zu Hause gefiel es mir natürlich viel besser als bei den Nonnen. Mama, Papa und Oma waren sicher auch mal von uns genervt, aber ich fühlte mich immer wohl und geborgen im Kreis der Familie. Oma war meine Nummer eins. Ihre Lebensweisheit, ihr Humor und ihr liebevoller Cateringservice machten meine Tage zu einem Vergnügen. Dieser warme Kakao zum Frühstück! „Ohne Wurst und ohne Speck hat das Leben keinen Zweck" war Omas kulinarisches Motto. Egal was sie mir zubereitete, es war immer lecker und wurde mit Herzenswärme serviert. Wenn es sonntags Herrencreme zum Nachtisch gab, war unser Küchentisch der schönste Platz der Welt. Außerdem war die westfälische Puddingspezialität mein erster Kontakt mit Hochprozentigem.

Für alle, denen Herrencreme nicht bekannt ist: Grundsätzlich ist sie ein unverzichtbarer Bestandteil jedes echten westfälischen Hochzeitsessens. Das Grundrezept ist einfach, aber effektiv – Vanillepudding, Sahne, reichlich Schokostückchen und ein ordentlicher Schuss Rum. Allen, die jetzt entsetzt aufschreien: „Um Himmels willen, man kann Kindern doch keinen Rum geben!", sei gesagt, dass derlei Bedenken in den Sechzigern keinen Arsch interessiert haben. Vielmehr war es so: Zu Omas Geburtstagsfeiern kamen unzählige Tanten, Onkel, Nachbarn, Freunde, von denen sich niemand einen Kopf machte, ob Zigarren- oder Zigarettenrauch schädlich für uns Kinder sein könnte. Im Gegenteil! Immer wieder wurde man aufgefordert, doch mal an der Zigarre zu ziehen oder am Pils zu nippen. Im Kinderzimmer, auf der Toilette, im Schlafzimmer, im Auto, beim Fernsehen, sogar beim Kochen wurde gepafft, was das Zeug hielt. Es gehörte einfach dazu.

Rauchen war außerdem eine Art Statussymbol. Wer rauchte, war mondän, weltoffen, modern. In Filmen qualmten die Stars fast alle mehr, als sie sprachen. Wenn Audrey Hepburn also lasziv mit eleganten Samthandschuhen an ihrer überlangen Zigarettenspitze zog, wollte Inge Müller aus Wanne-Eickel ihren Klaus genauso verführen. Die Werbung tat ein Übriges, um die Nation zu Nikotin-Junkies zu machen: „Peter Stuyvesant – der Duft der großen weiten Welt", „Lord Extra – Genuss im Stil der neuen Zeit", „Come to where the flavor is. Come to Marlboro Country!"

Das Wirtschaftswunder erblühte zu voller Pracht und suggerierte der geschundenen Kriegsgeneration, dass das Leben mit Fluppe einfach mehr Spaß machte.

In den Sechzigerjahren ging es langsam ans Eingemachte: Seit dem Beginn der Auschwitz-Prozesse stellte die Jugend ihren „Kriegseltern" unangenehme Fragen und hörte laute Beatmusik. Die Studentenbewegung legte sich mit dem stockkonservativen, vermufften Establishment an. Willy Brandt wurde der erste sozialdemokratische Kanzler, die Gesellschaft geriet in Bewegung.

Von alldem bekam ich als kleines Kind im beschaulichen Münsterland nicht viel mit. Im Sommer 1972 erlebte aber auch ich den ersten großen Schock: Ich wurde eingeschult! Was für eine Katastrophe. Es soll ja Kinder geben, die wirklich gerne in die Schule wollen. Blöd nur, dass ich mir das selbst im Nachhinein nicht einreden kann. Was hat meine Familie nicht alles versucht, um mir diesen Blödsinn schmackhaft zu machen – eigener Ledertornister, Schultüte, neue Schuhe ... und vor allem warme Worte, mit viel Pathos und Klugscheißerei:

„Jetzt bist du schon groß! Du bist ja schon fast ein richtiger Mann! Kein Wunder, dass du in die Schule kommst!"

„Was will denn so ein Kerl wie du noch im Kindergarten? Da sind doch nur Babys und Muttersöhnchen!"

„Große Jungs gehen in die Schule, da lernst du so viel! Du willst doch so klug sein wie der Papa!"

Ja, der kluge Papa. Wie klug Papa wirklich war, weiß ich erst heute so richtig zu schätzen. Er ersparte mir hohle Phrasen, nahm mich stattdessen in den Arm, blickte mir fest in die Augen und sagte: „Junge, lass dir nichts erzählen. Das wird jetzt vielleicht nicht immer schön. Aber wer nicht lernt, bleibt dumm. Und dumme Menschen tun dumme Dinge."

Im Sommer 72 konnte ich mir nicht ansatzweise vorstellen, was er damit meinte. Geschweige denn, dass er jemals etwas Dummes getan hatte.

MEIN PAPA

Mein Papa wurde im März 1924 als ältestes von neun Geschwistern geboren. Sechs Jungs und drei Mädchen.

Sein Vater, der ebenfalls Hubert hieß, war Malermeister und ein richtiger preußischer Drillkopf. Mit unerbittlicher Härte nicht nur seiner Familie, sondern jeglichem Lebewesen gegenüber, marschierte mein Opa durchs Leben. Mitgefühl für Frau und Kinder war für ihn ein Ausdruck von Schwäche, alle hatten zu gehorchen. Als wäre das nicht genug, lebte sein Vater auch noch mit im Haus. Da mein Opa keinen Bock auf Kindererziehung hatte, kümmerte sich mein Urgroßvater um die Kinderschar. Mit militärischem Drill. Vor allem die Jungs sollten hart werden, funktionieren und gehorchen. Bei Ungehorsam oder Widerworten wurden drakonische Strafen verhängt. Schläge mit Gürtel oder Rohrstock gehörten zum Tagesprogramm, frei nach dem Motto: Eine ordentliche Tracht Prügel hat noch niemandem geschadet.

Jedes Kind hat seine eigene Art, solche Brutalitäten zu verarbeiten. Die einen zerbrechen daran, die anderen entkommen mühsam, dank eines instinktiven Überlebensplans. Mein Vater gehörte zu diesen willensstarken Überlebenskünstlern. Als er mit siebzehn während des Kriegs zum Arbeitsdienst eingezogen wurde, war es fast eine Erlösung für ihn. Endlich raus aus dem tristen Kreislauf von Arbeit und Gewalt zu Hause! Es sollte ein grauenhaftes Erwachen für ihn werden. Vom Arbeitsdienst ging es schnell zur Wehrmacht und mitten rein in das mörderische Kriegsgeschehen.

So erlernte mein Vater mit achtzehn das grausame Handwerk eines deutschen Soldaten im Zweiten Weltkrieg: Mord und Totschlag. Nach Einsätzen in Albanien und im Kaukasus geriet er zum Kriegsende in das barbarische Gemetzel an der Ostfront. Dort wurde er von den Russen gefangen genommen. Die hatten verständlicherweise nicht viel Nachsicht mit den deutschen Invasoren und Mördern ihres Volkes.

Sechs Jahre in russischer Kriegsgefangenschaft hinterließen bei meinem Papa unauslöschliche Spuren. Die körperlichen zeigte er mir später immer mal. Die seelischen Qualen, die er erlitt, kann ich rückblickend nur erahnen.

Als er 1951 dann abgemagert, desillusioniert und völlig entkräftet wieder nach Hause kam, stand sein Vater vor der Tür und sagte nur: „Sehr gut, dann kannst du morgen mit auf die Baustelle fahren."

Dass mein Papa sich an diesem Punkt für ein neues Lebenskonzept entschied, gehört zu seinen größten Leistungen. Er hat es mir mal so erklärt: „Junge, in der Gefangenschaft hat mich ein Gedanke am Leben gehalten. Wenn ich diesen Albtraum überstehe, hab ich mir geschworen, möchte ich ein friedliches Leben führen und nie wieder eine Waffe in die Hand nehmen."

Ihm war völlig bewusst, dass er genug Grausames erlebt hatte und dass er Platz schaffen musste für die schönen Seiten des Daseins: Liebe, Mitgefühl, Hilfsbereitschaft, Friedfertigkeit. Manchmal holten ihn die Schatten der Vergangenheit ein, dann ließ er sich von ihnen zu Schlägen und Gewaltausbrüchen gegenüber uns Kindern verleiten. Aber je länger er diese Dämonen bekämpfte, desto sanfter und gütiger wurde er. Irgendwann hat er es schließlich geschafft, seinen Schwur zu leben und ein friedliches, aufrechtes Leben zu genießen.

Wie so viele aus seiner Generation brauchte mein Papa nach Krieg und Gefangenschaft ein gehöriges Maß an Verdrängung, um ein normales Leben wieder aufzunehmen. Nicht nur die Städte lagen 1951 in Schutt und Asche. Auch die Seelen der Männer, denen noch vor kurzer Zeit die Weltherrschaft versprochen wurde, waren kaputt. In den Nachkriegsjahren ging es für die Menschen erst mal ums blanke Überleben: Essen organisieren, Wohnraum schaffen, das zerstörte Land wieder aufbauen.

Dann sah man langsam Licht am Ende des Tunnels. Millionen von Carepaketen erreichten Westdeutschland. Die Jahre des Hungers und des Schwarzhandels wurden durch die Währungsreform und volle Regale in den Geschäften abgelöst. Das Deutsche Fernsehen startete nach zweijähriger Testphase den Regelbetrieb. In Essen wurden erstmals wieder Partys veranstaltet, für die Arbeit beim Bauern in der Umgebung gab's Eier, Kartoffeln, manchmal sogar ein halbes Schwein. Im Kino lief der Skandalfilm *Die Sünderin*. Hilde Knef zog blank. Und die Nation stellte fest: Deutschland hatte wieder mehr auf der Brust.

Es knisterte an allen Ecken und Enden, es kam wieder Wind ins Segel, Prostitution erblühte, das öffentliche Leben erwachte. Die Polio-Impfung wurde flächendeckend eingeführt. Speziell das Ruhrgebiet wurde zum Motor des Wirtschaftswunders. Bergbau, Stahlindustrie, Kokereien – es dampfte aus allen Pötten. Die Motorisierung wurde eingeläutet. 1955 gab es schon eine Million VW Käfer (Neuwagenpreis: 4400 Mark), und jede

Familie träumte davon, mit dem eigenen Auto nach Rimini zu fahren. Mein Vater hatte keinen Führerschein. Nur für Panzer, aber die wollte er schnell vergessen.

Der Hunger nach Leben und sorglosem Vergnügen war immens. Als musikalischer Mensch ergatterte Papa bei einem Bauern, dem er das Haus gestrichen hatte, ein Akkordeon. Von da an mischte er im Essener Unterhaltungsgeschäft mit. Egal ob Geburtstage, Hochzeiten oder erste Scheunenpartys – ab jetzt war er mittendrin im Amüsierbetrieb. Statt *Heil dir im Siegerkranz* gab es Schlager oder Swing, den Louis Armstrong auf seiner ersten Deutschlandtournee nach Deutschland gebracht hatte. Man trällerte vergnügt *Die süßesten Früchte* und *Der schönste Platz ist immer an der Theke*. In den Kneipen, Tanzlokalen und Jazzkellern ging es hoch her. Immer mehr Amüsierlokale öffneten auf der Reeperbahn. Es wurde gesoffen, getanzt, gemuckt und gefickt. Der berühmte Nagel der Freude wurde beherzt eingeschlagen und sorgte für einen Babyboom.

Die Kirche stand dem Ganzen zwiespältig gegenüber. Einerseits begrüßte sie natürlich, dass neue Familien gegründet wurden, andererseits konnte man das wilde Treiben nicht genug anprangern. Von der Kanzel herab warnten die Pfaffen immer wieder vor Sittenverfall, vorehelichem Geschlechtsverkehr und anderen sündigen Umtrieben. Es half nichts: Das Wirtschaftswunder machte die Bäuche satt, aber der Hunger nach heißer Liebe wollte auch ohne Trauschein gestillt werden. Was nicht immer leicht war! Nicht alle Paarungswilligen wohnten in der Stadt, nicht alle waren selbstbewusst genug oder hatten Zeit genug, offensiv auf Partnersuche zu gehen.

Mein Vater erkannte die Problematik und wurde aktiv. Als Maler und Musiker kam er viel rum. Wann immer er beim Anstreichen oder einer Mucke ein liebeshungriges Herz kennenlernte, das auf Amors Pfeil hoffte, notierte er sich Name und Adresse und versprach, sich zu kümmern. Zur nächsten Tanzveranstaltung oder sonstigen Festen lud er die Frauen und Männer aus seinem Notizbuch dann ein. Dadurch waren seine Gigs immer gut besucht. Es sprach sich schnell herum, dass man bei Hubert Schröders Auftritten auf geeignete Partner treffen konnte. Und mein Alter lieferte. Durch geschickte Liederauswahl, gepaart mit listiger Moderation, führte er viele einsame Herzen zusammen und half so manchem Glück auf die Sprünge. Meine Tante Agnes erzählt heute noch davon, wie mein Papa mit seiner fidelen Quetschkommode selbst die scheuesten Rehe und Böcke zum Schmusetanz verführte.

Dazu muss man wissen, dass es Mitte der Fünfzigerjahre noch keine Großraumdiscos oder mondäne Clubs mit Laser und exquisiter Soundanlage gab. Auf der Tanzfläche schwitzte auch keine selbstoptimierte Instagram-Gemeinde in Designerkluft, sondern eine nach heutigen Maßstäben eher skurril anmutende Truppe. Die Damen trugen selbst genähte Kleider und mühsam ondulierte Frisuren. Die, die sich ein paar heiß begehrte Nylonstrümpfe besorgen konnten, gehörten zu den Privilegierten. Viele malten sich die Nylonnaht einfach aufs nackte Bein.

Die Herren versuchten, ihrerseits das Optimum herauszuholen, wobei die Latte hier nicht besonders hoch lag. Wohl dem, der ein sauberes Hemd hatte! Das widerborstige Haar wurde mit einer pomadeartigen Frisiercreme namens Brisk gebändigt. Wer sich das nicht leisten konnte, nahm Ballistol oder Margarine. Manch einer besaß nicht einmal ein zweites Bein für die gebügelte Hose, was das Tanzen natürlich schwieriger machte. Viele so versehrte Männer atmeten auf, wenn eine langsame Nummer gespielt wurde. Auf drei Beinen tanzt es sich halt komfortabler.

Helmut „Käpt'n Ahab" Motek war ein Paradebeispiel für diese Spezies. Eigentlich hieß er gar nicht Motek, aber alle nannten ihn so. Trotz seines Holzbeins war er auf den Ruhrgebietsbaustellen ein gefürchteter Geselle, dessen Vorschlaghammer jede Trümmerwand in Rekordzeit in Geröll verwandelte. Legendär war auch seine schlechte Laune, mit der er den Kollegen das Leben zur Hölle machte. „Schade, dass es damals noch nicht *Wetten, dass ...?* gab", sinnierte mein Vater später. „Der Motek hätte den Kölner Dom noch während der laufenden Sendung mit dem Vorschlaghammer komplett von der Domplatte gezimmert!"

Motek war also ein Baum von einem Kerl mit biblischen Kräften. Leider auch schüchtern wie eine Feldmaus in der Manege. In normalen Zeiten wäre der Typ ein hoffnungsloser Fall gewesen, aber Männer waren knapp, somit gab es Hoffnung.

Mit feinem Gespür für das Zwischenmenschliche erkannte mein Papa, dass Moteks Grobschlächtigkeit hauptsächlich von seiner Liebesbedürftigkeit herrührte. Die Sache war klar: Der brauchte eine Frau! Und die gab es nach dem Krieg reichlich. In Papas Notizbuch stand unter D wie dringend eine gewisse Gisela Schulz. Sie war die Älteste von drei Schwestern und galt mit ihren 36 Jahren als nicht mehr vermittelbar, weil sie von großer, stattlicher Statur und rothaarig war. Beides verschreckte viele Männer. Da aber bekanntlich auf jeden Topf ein Deckel passt, war sie nach Papas Ansicht die Traumfrau für den hammerschwingenden Gesellen.

Sonntags beim Bürgerschützenfest in Essen-Kray sorgte mein Vater dafür, dass die beiden einsamen Herzen zueinanderfanden. Vorher nahm er sich den im Süßholzraspeln ungeübten

Motek zur Brust: „Hör zu, Helmut, ich stell dir heute jemanden vor. Eine klasse Frau! Das ist genau die Richtige für dich, also versau es nicht! Saubere Fingernägel, freundlich sein und nicht so feste zupacken. Denk immer dran – eine Frau ist kein Hammer!"

Mit ihr sprach er natürlich auch noch mal. „Gisela, der Motek ist im Grunde seines Herzens ein guter Kerl – er weiß es nur noch nicht! Pack den hart an und mach klare Ansagen. Dann frisst er dir ganz schnell aus der Hand."

Als mein Alter die beiden dann tanzen sah, kamen ihm allerdings doch Zweifel. Da Helmut sein Holzbein im blinden Liebeseifer an den Bühnenrand gelehnt hatte, stand er hilflos wie ein einbeiniger Lastenkran auf der Tanzfläche. Gisela mit ihrem großen Herzen erkannte jedoch seine missliche Lage und schmiegte sich als liebevolle Stütze an den schwankenden Koloss. Das Eis war gebrochen! Schon drei Monate später war sie schwanger. Aus dem stoffeligen Oger und der drallen Landpomeranze wurde ein wunderbares Paar. Wieder einmal hatte Papa es geschafft, aus anscheinend unverbesserlichen Knalltüten, welche die Hoffnung auf ein bisschen Glück schon aufgegeben hatten, ein liebendes Paar zu zaubern.

Im Jahr 2003 feierten die Moteks mit ihren drei Kindern, acht Enkeln und einem Urenkel goldene Hochzeit. Ehrensache, dass mein Alter da mit seinem Akkordeon erschien und noch mal den Schlager *Das machen nur die Beine von Dolores* zum Besten gab. Natürlich hat er der fröhlichen Großfamilie ausführlich erzählt, wie er die beiden damals zusammengebracht hat. Er schloss seine launige Rede mit den Worten: „Helmut, seien wir ehrlich, ich hab das nicht nur für euch gemacht – ich wollte einfach nur Ruhe auf der Baustelle!"

So war Papa. Das große Tamtam war ihm viel zu gefühlsduselig, und Dankesbezeugungen wollte er auch möglichst vermeiden. Lieber behielt er es für sich, dass er so vielen Paaren zu ihrem Glück verholfen hatte. Sein Notizbuch in den Fünfzigern war quasi der Vorläufer von Parship und Tinder. Mit höherer Erfolgsquote und ohne lästiges Mindestabo. Wie stark sein Antrieb war, Menschen zu verbinden und zu unterhalten, ahnte keiner. Vielleicht nicht mal er selbst. Viel von diesem inneren Bedürfnis ist auch in meinen Genen gelandet ... aber alles schön der Reihe nach.

DIE GRUNDSCHULE

Nach dem ersten großen Trauma in meinem Leben, dem Geburtskanal – ich kann bis heute nicht angstfrei durch den Elbtunnel gehen –, war die nächste Katastrophe für mich zartbesaitete Seele schon vorprogrammiert: die Schule. Im August 1972 ging es los. Die ersten Tage war ich einfach nur müde. Unterrichtsstoff in allen Ehren, aber musste das so früh losgehen?

Heute ist es ja längst erwiesen, dass das Gehirn von kleinen Kindern morgens früh um acht noch gar nicht aufnahmebereit ist. Wenn ich Schulminister wäre, gäb's so was nicht. Im Ernst: Es würde sich doch keiner beschweren, wenn der Unterricht erst so um elf starten würde. Überhaupt sind Lesen und Schreiben plus die zwei Grundrechenarten doch mit zwei launigen Stunden am Tag gut zu schaffen. Und davon mal ab, die richtig wichtigen Dinge wie rückwärts einparken, Feuer machen mit zwei Hölzern oder eine tadellose Nassrasur mit Messer und Pinsel lernt man im Unterricht sowieso nicht.

Als meine Mutter mich nach der ersten Woche beiseitenahm und fragte, wie es mir denn so gefalle, antwortete ich im Brustton der Überzeugung: „War 'ne ganz nette Idee, aber ab nächste Woche geh ich da nicht mehr hin!"

Mama lachte, nickte und schickte mich weiterhin in den langweiligen Buchstabentempel.

Es half alles nichts, die verdammte Schulpflicht in Deutschland machte auch vor mir nicht halt. Und als ob das noch nicht schlimm genug gewesen wäre, gab es auch noch unsere Klassenlehrerin: Frau Zorn. Diese übellaunige Person machte ihrem Namen alle Ehre. Die Drecksau hatte über 35 Jahre Berufserfahrung und schon zahlreiche Kinderseelen gequält. Offensichtlich machte es ihr großen Spaß, Kinder zu demütigen, um ihnen schon in der Grundschule die Zeit gründlich zu versauen. Bis heute habe ich nicht vergessen, was sie mir angetan hat. Zweifellos eine der größten Verletzungen, die mir in meinem Leben untergekommen sind.

Wir bekamen eine Klassenarbeit zensiert und berichtigt zurück. Frau Zorn zelebrierte das Zurückgeben immer mit viel Spannung, seltenem Lob, dafür aber umso gehässigeren Kommentaren für die Schüler, die in ihren Augen eh nichts taugten. Meine Klassenkameraden und ich hatten also oft Angst und erduldeten das schäbige Prozedere mit viel Adrenalin und Grummeln im Bauch. Doch das Geschehen damals, im Frühjahr 1973, sollte meine schlimmsten Erwartungen übertreffen.

Nach einer Viertelstunde hatten alle ihre Hefte vor sich wieder auf der Schulbank liegen. Alle, bis auf einen. Ich hatte schon beim Schreiben der Arbeit kein gutes Gefühl gehabt und vorsichtshalber auch keinen Fatz dafür gelernt. Aber wo war mein Heft? Ich streckte zaghaft meinen Finger hoch. Frau Zorn nahm das scheinbar wohlwollend zur Kenntnis und nahm mich direkt dran. Ihre Stimme klang schneidend: „Ja, Atze, was möchtest du denn noch wissen?"

Irritiert von der lauernden Boshaftigkeit, die auch der Dümmste hinter ihrer gespielten Freundlichkeit erkennen konnte, sagte ich unsicher: „Frau Zorn, alle haben ihre Hefte zurückbekommen, nur mich haben Sie vergessen."

Da wandte sich das Biest genüsslich an die ganze Klasse.

„Oh, liebe Kinder, der Atze hat sein Heft nicht zurückbekommen! Was ist denn da passiert? Warum hat er sein Heft nicht zurückbekommen? Ja, warum wohl? Ich will es euch sagen. Atze hat sein Heft deswegen nicht zurückbekommen, weil ich euch etwas zeigen wollte. Ich wollte euch nämlich zeigen, wie schlecht die Arbeit von Atze ist. So etwas Dummes habe ich noch nie gesehen! Ich hätte nie gedacht, dass ein Kind so dumm sein kann. Schaut mal hier, alles ist falsch."

Mit triumphierender Geste hielt sie mein aufgeschlagenes Arbeitsheft hoch, damit alle sehen konnten, wie viel darin rot angestrichen war. Jeder Mitschüler sollte sehen, was für ein Totalversager ich war.

Es war die blanke Hölle für mich. Angstschweiß schoss mir aus jeder Pore, gepaart mit Panik und weichen Knien. Mir war schlecht, mein Magen krampfte heftig, meine Wangen glühten. Tränen schossen mir in die Augen. Fakt ist: Ich war als Kind sehr schüchtern. Am liebsten wäre ich tot umgefallen oder in einem Erdloch verschwunden.

Von Stund an hatte das bösartige Frauenzimmer mich auf dem Kieker. Ich sie allerdings auch, denn mich kampflos zu ergeben, war nicht meine Sache. Während Frau Zorn mich immer wieder öffentlich bloßstellte, mir an den Ohren zog oder gerne auch mal eine runterhaute, entschied ich mich für den klassischen Guerillakrieg. Widerstand aus dem Untergrund, die gute alte Vietcong-Taktik.

Ich schlug im Verborgenen zu. Gott sei Dank hatte der Drachen ein Auto, an dem ich herrlich meine aufgestaute Wut auslassen konnte. Überdurchschnittlich oft musste dieser Opel

Kadett in die Lackiererei. Schön wirkungsvoll war auch, eine Dose vergammelten Hering in Tomatensoße akribisch in die großzügig bemessene Lüftung ihres Kleinwagens zu schütten. Dank dieser großartigen Aktionen ertrug ich ihre seelischen und körperlichen Grausamkeiten zwar nicht mit stoischer Gelassenheit, aber ich ertrug sie wenigstens.

Die kaltblütige Rache, von mir gerne auch „Elefantitis" genannt – denn Elefanten vergessen nichts –, ist bis heute mein Konzept. Wenn Frau Zorn geahnt hätte, dass schon fünfzehn Jahre später ausgerechnet der dumme Atze mit ihrer heiß geliebten Enkelin auf den Polstern der Wollust landen würde, wäre sie wahrscheinlich komplett ausgetickt.

Mir war anfangs selbst nicht klar, welche Schönheit mich da in einer Sommernacht auf der Rückbank eines alten Kadetten leidenschaftlich zuschanden ritt. Bei der After-Show-Zigarette, sie lag gerade wohlig schnurrend auf meinem stattlichen Bizeps, fragte ich sie voller Bewunderung: „Was studierst du eigentlich, Prinzessin? Kunstturnen, Biologie? Oder ist das angeborenes Talent?"

„Nein, im Gegenteil", giggelte sie. „Ich studiere auf Lehramt, das ist bei uns Tradition."

Ich war erstaunt. „Ach, dein Papa ist auch Lehrer?"

„Nee, aber meine Mutter. Und meine Oma war an der Wilhelm-Schule, die kannte in unserem Kaff jeder. Die wurde von allen ‚Gottes Zorn' genannt."

Mir stockte der Atem. In meinem Hirn hörte ich Kinderstimmen johlen: „Schlimmer noch als Frühstückskorn / ist Unterricht bei Gottes Zorn!"

Ach du Scheiße! Ich hatte gerade mit der Enkeltochter meiner allerschlimmsten Peinigerin Sex gehabt. Und zwar sensationell guten, da gab es nix zu deuten. Ich hätte mich ausschütten können – was für eine herrliche Laune des Schicksals! Das war der Beweis, der liebe Gott meinte es gut mit mir. Am liebsten hätte ich losgeprustet, aber ich riss mich zusammen. Ich atmete tief durch und sagte mit treuem Dackelblick: „Och, das ist ja rührend. Die alte Frau Zorn, die kenn ich auch noch gut. Bestell doch meiner früheren Klassenlehrerin ganz liebe Grüße von Atze Schröder. Da wird sie sich sicher sehr freuen!"

Als ich abends wieder in meiner Bude saß, musste ich wegen der Story immer noch grinsen. Und machte mir zur Feier dieses außergewöhnlich guten Ficks erst mal ein Butterbrot mit Hering in Tomatensoße.

Meine Grundschulzeit war insgesamt eine wunderbare Lebensphase, ich hatte viel Spaß mit meinen Freunden. Nur der verdammte Unterricht mit Frau Zorn war ein Quell ständigen Ärgers. Meine Eltern waren liebevoll und hatten für alles Verständnis, aber was das Lernen anging, blieben sie streng.

Ich glaube, dass viele Kinder meines Jahrgangs Ähnliches durchgemacht haben, weil Anfang der Siebzigerjahre noch zahlreiche Pädagogen vom „alten Schlag" im Schuldienst waren. Die zogen nach wie vor eine längst überholte, konservative Pädagogik durch, mit typisch deutschen Sekundärtugenden als Eckpfeilern: Fleiß, Disziplin, absoluter Gehorsam. So hatten es schon meine Eltern erlebt, so sollte es bleiben. Kinder hatten zu funktionieren und keine Widerworte zu geben. Fantasie, individuelle Förderung oder alternative Unterrichtsmethoden waren verpönt. Die wenigen jungen Pädagogen, die versuchten, modernere Bildungsansätze umzusetzen, hatten es nicht leicht, sich gegen die alten zu behaupten oder gar durchzusetzen.

Heute ist das natürlich ganz anders. Kinder sollen selbstständig denken, ihre eigenen Ideen einbringen und zusammen mit den Lehrern den Unterricht gestalten. Es geht nicht mehr nur um Leistung und gute Noten, sondern auch um ein soziales Miteinander und Teamfähigkeit.

Davon war man in meiner Grundschulzeit noch weit entfernt. Schade. Für mich wendete sich das Blatt erst ein wenig, als ich zur weiterführenden Schule wechselte und neue, jüngere Lehrer frischen Wind in die verkrusteten Strukturen brachten.

Nicht nur das Schulsystem war hoffnungslos veraltet, die ganze Gesellschaft war eher von gestern. Konservatives Gedankengut beherrschte die Köpfe. Die meisten Erwachsenen brachten wenig Verständnis für uns Kinder auf oder machten sich Gedanken um uns. Erwachsene führten ein Erwachsenenleben. Auch am Wochenende wurde nicht gefragt, was Kinder machen wollten. Die Kleinen hatten sich anzupassen, sie standen nicht im Mittelpunkt.

Ein legendärer Spruch damals war eine wohlgemeinte Forderung der Gewerkschaften: „Samstags gehört Vati mir". Es ging darum, den Samstag als Regelarbeitstag abzuschaffen. Darüber hinaus forderten die Arbeitnehmerverbände die Einführung der Vierzigstundenwoche. Dass Vati dann am Samstag den Kindern als Spielkamerad zur Verfügung stehen könnte, blieb natürlich Wunschdenken seitens der Kinder.

Die Realität sah anders aus. Als der freie Samstag schließlich eingeführt wurde, arbeiteten die Väter samstags nicht mehr, waren aber trotzdem nicht für die Kinder da. Am Samstag wurde der Hof gefegt, das Auto gewaschen und *Bundesligakonferenz* gehört. Abends gab es *Sportschau*, Kulenkampff, und im Anschluss wurde schnell zum *Aktuellen Sportstudio* rübergeschaltet. Sonntags ging es zum gepflegten Frühschoppen in die Kneipe. Die Fußballergebnisse, die große Politik und die alltäglichen Heldentaten wurden mit reichlich Pils und Schnaps verklappt. Wenn die Männer dann strunkelig nach Hause kamen, hatte gefälligst der Sonntagsbraten auf dem Tisch zu stehen. Das Familienleben war komplett auf den Mann ausgerichtet. Alles drehte sich um den allmächtigen Haushaltsvorstand. Ich weiß, das klingt alles unfassbar altbacken und rückständig, aber so war's.

Erst 1976 wurde das westdeutsche Ehe- und Familienrecht überarbeitet. Die Reform ersetzte das Prinzip der Hausfrauenehe durch das sogenannte partnerschaftliche Prinzip. Das bedeutete zum Beispiel, dass eine Ehefrau nicht mehr die Einwilligung ihres Mannes brauchte, um ein Konto zu eröffnen oder eine Arbeitsstelle anzutreten. In Sachen Gleichberechtigung hat sich also in den letzten Jahrzehnten vieles zum Guten verändert.

Was heute wie gesagt auch kaum vorstellbar ist: In den Siebzigern wurde grundsätzlich geraucht. Überall standen Aschenbecher herum. Viele Kinder töpferten für ihre Papas Ascher aus Ton. Der Dreh-und-drück-Aschenbecher gehörte zu unseren liebsten Spielzeugen. Ein Patientenzimmer im Krankenhaus war gleichzeitig Raucherzimmer. Praktisch – Chefvisite ganz locker abgehalten zwischen zwei Reval.

Im Fernsehen dasselbe Bild. Ich hätte als Jugendlicher meinen Hintern drauf verwettet, dass es bei Talkshows eine Rauchpflicht gab. Die *NDR Talk Show* war doch ohne Qualm gar nicht denkbar! Sollte es damals schon Rauchmelder gegeben haben, waren die in den Studios auf jeden Fall nicht scharf gestellt. Unvergessen bleibt Werner Höfers *Internationaler Frühschoppen:* Journalisten aus aller Herren Länder diskutierten live das aktuelle Weltgeschehen für den deutschen Zuschauer. Dabei wurde natürlich geraucht, als ginge es um die Brandrodung einer kompletten Tabakplantage. Doch damit nicht genug. Vor laufender Kamera wurde gesoffen, gelötet und gebechert, als hinge die Existenz der deutschen Weinindustrie davon ab.

Sonntags mittags, direkt nach der *Sendung mit der Maus*, konnten wir Kinder miterleben, dass Rauchen und Saufen die Grundvoraussetzung waren, um die politischen Probleme dieser Welt mit Sachverstand zu analysieren. Dafür brauchte man mehr als nur ein Gläschen. Selbstverständlich wurde während der Show permanent munter nachgeschenkt. Man hätte die zechende TV-Runde auch *Betreutes Trinken* nennen können. Werner Höfer, Moderator dieser wahnwitzigen Runde, ließ derweil unter den interessanten, vielfältigen Meinungsäußerungen nur eine gelten: seine!

Höfers halsbrecherische Übergänge und rabiate Wortabschneidungen wurden vom WDR nicht nur geduldet, sondern auch goutiert. Immer wieder laberte Höfer sich angetrunken um Kopf und Kragen. Aber immer souverän und hochpolitisch. Im März 1971 hatte es sich bis zum trinkfesten Bundeskanzler Willy „Whisky-Willy" Brandt rumgesprochen, dass es hier rustikaler zuging als in der Bundestagskantine. Er ließ es sich nicht nehmen, zur tausendsten Sendung höchstpersönlich vorbeizukommen und munter mitzubechern. Endlich gab es einen Gegner auf Augenhöhe für den deutschen Bundeskanzler.

Auch wenn das heute vielleicht etwas übertrieben klingt: *Der Internationale Frühschoppen* war eine Art Sinnbild für den Zustand der paffenden und süppelnden Bundesrepublik. Während die Jugend versuchte, dem Muff unter den Talaren zu entkommen, und die Achtundsechziger-Studentenbewegung sich mit dem Establishment anlegte, wurde in der deutschen Provinz so weitergemacht wie gewohnt. Das normale spießbürgerliche Leben ließ sich von ein paar langhaarigen Jugendlichen und Mädchen in Miniröcken nicht aus der Ruhe bringen.

Mein Vater versuchte, unseren kleinen Familiendampfer auf Kurs zu halten. Einerseits fand er die neuen kulturellen Strömungen sehr interessant, andererseits steckte auch er in althergebrachten Traditionen fest. Sozusagen zwischen Rolling Stones, Jazzfusion und Feuerwehrkapelle. Auf der einen Seite der hedonistische Lebensstil der kulturellen Boheme und die Ablehnung der bürgerlichen Moral – auf der anderen Seite die Gemütlichkeit des Stammtisches im Vereinslokal. Sex, Drugs and Rock'n'Roll kontra Skat, Sparclub und Rosenkohl.

Ein typischer Sonntag im Jahr 1975 sah für mich so aus: Morgens mit Papa zur Probe der Feuerwehrkapelle. Da wurden tatsächlich Gassenhauer mit klingenden Namen wie *Preußens Gloria*, *Alte Kameraden* oder *Fehrbelliner Reitermarsch* gespielt. Durchweg militärische Aufmarschmusik, die in den Siebzigern schon reichlich absurd erschien.

Mir war das erst mal egal. Mich faszinierte das Zusammenspiel der Instrumente und die ohrenbetäubende Lautstärke. Außerdem durfte ich so viel Fanta trinken, wie ich wollte. Und es war ein Riesenspaß, zu beobachten, wie große Teile des Orchesters im Laufe der Probe immer betrunkener wurden. Einer der sogenannten Trompeter, Josef Baumkötter, genannt „Baumkötters Jupp", soff sich jeden Sonntagmorgen so die Rübe zu, dass der Spucknapf, der als Sammelbecken für die Spucke der Blechbläser aufgestellt war, gegen Ende der Veranstaltung randvoll war. Ein furchterregender Behälter voller Bier und hochprozentiger Schnapslülle. Der eklige Nachweis eines gelungenen Vormittags.

Für uns Kinder, die diese feuchte Folklore beobachten durften, war es ein obskures Schauspiel mit nachhaltiger Wirkung. Allein aus hygienischen Gründen hätte man die komplette Spucktruppe verhaften müssen. Stattdessen feierte die

Mischpoke sich selbst, berauscht durch kriegerische Musik und Unmengen an Alkohol. Vereinzelt hörte man gelallte Parolen wie „Es war nicht alles schlecht …" und Ewiggestrigen-Landser-Bullshit wie: „Der deutsche Soldat ist im Felde unbesiegt!" Es steckte eben noch viel brauner Schwurbelmist in den Nachkriegsköpfen.

Selbst mein Vater, der sich ansonsten vehement gegen alles Militärische stellte und sich uns gegenüber gegen den „verdammten Krieg" aussprach, konnte sich der Wirkung dieser Musik nicht ganz entziehen. Mit meiner Fanta in der Hand konnte ich in seinen Augen ein begeistertes Funkeln erkennen, wenn er die martialische Musik schmetterte. Fühlte er sich dann von mir ertappt, nahm ich eine gewisse Scham in seinen Augen wahr. Heute erkläre ich mir diese Diskrepanz damit, dass es für Menschen seiner Generation nicht einfach war, sich der Faszination der Militärmusik gänzlich zu entziehen. Spuren des Gifts der Nazi-Ideologie zirkulierten noch immer in seiner Blutbahn. Die Begeisterung für den Pomp und das hohle Pathos, den manipulativen Sound des „Tausendjährigen Reiches", wirkte in vielen Männern bis zu ihrem Tode nach.

Dennoch hat sich mein Papa nie über lange Haare, laute Rockmusik oder modische Trends echauffiert. Seine musikalische Agenda war einfach: Was ihm gefiel, das gefiel ihm. Jazz, Schlager oder Rockmusik – seine Ohren waren erst mal offen. Da gab es kein Dogma, und jeder Song bekam seine Chance, ob der nun von Jimi Hendrix, Michael Holm oder dem Medium-Terzett stammte. Keine schlechte Basis für einen Heranwachsenden wie mich, der auf dem Gymnasium versucht, seine kulturelle Identität zu finden.

Im Gegensatz zu vielen Mitschülern hatte ich keinerlei Generationsstress. Die Kämpfe, die einige meiner Freunde wegen Musik, Mode oder Moral mit ihren Eltern austrugen, musste ich nicht ausfechten. Man darf ja nicht vergessen, dass es Ende der Siebzigerjahre im konservativen Münsterland durchaus noch Dresche fürs Aufbegehren gab. Die Prügelstrafe war allgegenwärtig. Unsere Nachbarn hatten zum Beispiel über der Küchenbank eine fünfschwänzige Peitsche hängen. Meine Schwester und ich hörten immer mal wieder schreckliche Schreie aus dem Nachbarhaus. Heute noch läuft es mir eiskalt den Rücken runter, wenn ich daran denke.

Schockierenderweise machten die Nachbarn, auch wir, damals einfach die Fenster zu, um die schrecklichen Geräusche zu verbannen. Heute würde man die Polizei rufen, den Nachbarn zur Rede stellen. Oder wutentbrannt rüberlaufen und dem verdammten Bastard die Peitsche ins Maul stopfen. Unglaublich, was es für böse Menschen gibt.

MEINE MAMA

Meine Mutter – schwierige Geschichte. Wie viele Männer hatte ich eine starke Verbindung zur Mutter. Das wurde mir aber erst sehr spät bewusst. Es ist wie atmen. Man denkt nicht darüber nach, man tut es einfach. Mütter sind so selbstverständlich im Leben! Das Erste, was du siehst, beziehungsweise spürst, ist deine Mama. Vor der Geburt ist man ja auch schon mehrere Monate Untermieter mit Vollpension im schönsten Apartment der Welt. Lebt von und mit seiner Mama. Hört ihre Stimme, ihren Herzschlag, ihren Puls. Absolute Vertrautheit: Genau diese Verbindung scheint uns immer so selbstverständlich. Auch die Mutterliebe.

Meine Mutter war einfach immer da, sie war nur nicht so schillernd wie mein Vater. Sie war unscheinbarer, aber sehr effektiv, liebevoll und wichtig. Sie hielt den Laden zusammen. Mittlerweile bin ich der festen Überzeugung, dass viele Entscheidungen meines Vaters im Grunde von ihr getroffen wurden. Sie war eine Art Toni Kroos der Familie, nur nicht so schön tätowiert. Ein waschechter Sechser. Sie konnte das Spiel lesen, spielte die entscheidenden Pässe und haute ab und zu selbst mal den Ball in die Maschen.

Einige werden jetzt denken: Meine Güte, Schröder, bleib doch mal ernst, es geht um deine Mutter! Aber ich meine das ernst. Meine Mama konnte im entscheidenden Moment einen raushauen, etwas Großartiges kreieren. Man merkte es nur nicht immer, weil sie meistens im Schatten ihres charismatischen Mannes stand. Wobei sie das nicht als Bürde empfand, sondern mächtig stolz war auf ihren Hubert.

Machen wir uns nichts vor: Kinder sind oft sehr egoistisch. Kleine, fordernde Ego-Monster! Wenn es nach ihnen ginge, wäre jeden Tag Geburtstag. Mit Geschenken, Pommes und 24-Stunden-Bespaßung an sieben Tagen in der Woche. Wer den Alltag regelt und organisieren muss, ist leider nicht immer der beliebteste Elternteil. Der- oder diejenige mit dem größten Unterhaltungswert wird gefeiert und bekommt die volle Aufmerksamkeit. Und auf dem Gebiet war mein Alter nun mal Spezialist. Es lief immer so ab: Meine Mutter bereitete den Kindergeburtstag vor, backte Kuchen, dekorierte, organisierte. Dann kam mein Vater dazu, eroberte mit ein paar einfachen Taschenspielertricks die Herzen der Kinder und zog die komplette Aufmerksamkeit auf sich. Selbst als ich schon ein bekannter Komiker war und in Dortmund vor zehntausend Fans in der ausverkauften Westfalenhalle spielte, änderte sich nichts. Wenn mein Vater backstage auftauchte und sich in den Cateringbereich setzte, dauerte es nicht lange, bis alle gebannt an seinen Lippen hingen. Inklusive mir und meiner Mutter.

Deshalb fällt es mir schwer, irgendwas Ausführliches über meine Mama zu schreiben. Sie war einfach nicht der Mensch, der einen zur Seite nahm und Lebensweisheiten von sich gab. Sie sorgte für unser tägliches Brot, war das Sicherheitsnetz unter dem Drahtseil und zog die Strippen im Hintergrund. Sie kümmerte sich darum, dass unser kleiner Familienkosmos gut funktionierte. Heute kann ich diese Leistung mit ganz anderen Augen sehen und weitaus mehr würdigen als früher.

Meine Mutter kam aus einfachen Verhältnissen. In den Augen ihrer Familie hatte sie es mit ihrem Job als Sekretärin bei einer Malerfirma ganz schön weit gebracht. Als Papa ihr den Hof machte, zögerte sie verständlicherweise etwas, denn er hatte in Essen und Umgebung einen gewissen Ruf. So war er, der junge Hubert: ein Charmeur und Filou erster Güte. Zeitlebens nicht nur bei den Kindern beliebt, sondern auch bei den Ladys. Seht ihr, schon wieder sind wir bei meinem Alten! Selbst beim Schreiben über meine Mama schummelt er sich wieder ins Rampenlicht. Meine Mutter war natürlich auch begeistert von ihm, wollte ihn jedoch schön zappeln lassen, um zu sehen, ob er es ernst meinte. Eine Frau musste in den Sechzigern viel extremer als heute darauf achten, dass sie ihr Ansehen nicht aufs Spiel setzte. Die Pille gab es ja noch nicht, und Präservative waren in der Stadtbücherei meist über Wochen im Voraus ausgeliehen.

Listig, wie meine Mutter war, hatte sie einen Plan. Hubert musste erst einmal durch ihren Werte-TÜV. Die Gelegenheit dafür kam schon bald: Ihre jüngste Schwester wünschte sich einen Kindergeburtstag mit Picknick und allem Brimborium im Essener Grugapark. Die ganze Familie mit Onkeln und Tanten sowie Omas und Opas war am Start. Nur mein Alter wusste von nichts. Er ging bis zum Schluss davon aus, dass es ein Sommerspaziergang mit Ziel „Knutschen auf der Kuscheldecke" würde. Als seine Clara ihn auf der großen Südwiese dann mit der Wahrheit konfrontierte, schaltete er sofort vom Lover-Modus ins fürsorgliche Familien-Nachmittagsprogramm um. Was für ein Fuchs! Er wusste: Hubert, du spielst hier den Auftritt deines Lebens. Mach keinen Scheiß!

Meine zukünftige Mutter und – noch viel wichtiger – ihre ganze Familie waren entzückt. So ein netter junger Mann, dieser Herr Hubert. Und dann noch Handwerker! Die Begeisterung kannte keine Grenzen. Das Urteil war einmütig: „Clara, lass den nicht vom Haken, Handwerker werden immer gebraucht!"

„Männer müssen nicht schön sein, sie müssen nur gut riechen", flüsterte ihre Oma ihr ins Ohr. Somit war die Sache von ganz oben abgesegnet. Freigabe von Langley, sozusagen.

Ab da war die Wiese gemäht: Hochzeit, Schwangerschaft, Geburt meiner Schwester Anne – die Familie Schröder war gegründet. Beide waren glücklich. Mein Vater hatte endlich einen Anker, der ihn daran hinderte, zu weit abzudriften, und meine Mutter hatte einen Mann, der ihr mehr bot als die normale Spießbürgerlichkeit. Ich habe nie herausgefunden, ob sie vielleicht doch mehr vom Leben erwartet hat. Über so was hätte sie mit uns Kindern nie gesprochen. Aber ich bin überzeugt, dass sie glücklich war.

Einen seltsamen Wunsch hatte sie, den sie mir sogar erzählt hat. Einer ihrer wiederkehrenden Träume war: Sie steht vor einer riesengroßen Menschenmenge und hält eine fesselnde Rede. Davon erzählte sie mir immer wieder, und die Vorstellung übte eine große Faszination auf sie aus. Gleichzeitig ahnte sie offenbar, dass dieser Traum sich nie erfüllen würde. Zumindest hat sie nichts dafür unternommen. Vielleicht brauchte sie das auch gar nicht, weil sie über meinen Vater und später durch meine Karriere letztendlich daran teilhatte. Und sie war klug genug, damit zufrieden zu sein. Auch das ist eine große Gabe. Die erfüllte Sehnsucht im Erreichbaren.

Nach der Geburt meiner Schwester vereinbarten meine Eltern, dass meine Mutter ihren Job an den Nagel hängt. Von da an war sie mit Hingabe Hausfrau und erfüllt von dieser Lösung. Die entsprach dem klassischen Rollenmodell – klingt vielleicht nach männlicher Bevormundung, aber so war es nicht. Die beiden waren in ihrer Ehe gleichberechtigt. Mein alter Herr hätte niemals gegen den Willen seiner Clara gehandelt.

Zu Hause war es jedenfalls sehr behaglich, es war immer jemand da. Ich kann mich nicht erinnern, dass unsere Haustür jemals abgeschlossen war. Und wenn meine Eltern mal abwesend waren, gab es ja noch meine Oma. Sie war gern zur Stelle, um ihre Tochter zu entlasten. Dass meine Schwester und ich so verwöhnt waren, lag größtenteils an ihr. Wenn wir ein Essen nicht mochten, kochte sie direkt eins unserer Lieblingsgerichte. „Ach, Oma, du bist die Beste!", sagten wir dann, und ihre Augen funkelten glückselig.

Meine Mutter verstand sich sehr gut mit ihrer Mutter, es gab keine Eifersüchteleien. Für mich hatte der Dreifrauenhaushalt nur positive Seiten. Ich war selbstverständlich verzogen wie ein kleiner Prinz. Nie musste ich im Haushalt mithelfen, einkaufen, aufräumen oder sonstige Fronarbeiten verrichten. Nichts dergleichen. Ich wurde ohne Ende geknuddelt, geherzt und vergöttert, immer wieder mit Leckereien versorgt, und Omas Nähmaschine ratterte unermüdlich, um mich mit Selbstgenähtem zu beglücken. Diese Vorzugsbehandlung, in der Form vielleicht nur dem Sultan von Brunei bekannt, sollte sich in meinem späteren Leben noch rächen: Bis vor Kurzem wusste ich gar nicht, was für ein großes Sortiment ein Supermarkt hat. Geschweige denn, wie ein Supermarkt von innen aussieht.

Unvergessen: 2010 feierte die Spielbank Hohensyburg in Dortmund ihr 25-jähriges Jubiläum, wofür ein Riesenprogramm auf die Beine gestellt wurde. Man scheute weder Mühe noch Kosten. Für alle Künstler gab es kleine Geschenke als Andenken an ihren Auftritt. In dem Päckchen, das mir überreicht wurde, befand sich neben anderem Werbemittelschund ein Karabinerhaken mit einer eingesteckten Münze. Das sollte wohl ein Schlüsselanhänger sein. Ich betrachtete das nutzlose Ensemble voller Unverständnis und wollte es schon in den Papierkorb werfen. Da fragte mein Manager Töne, weil er mich gut kennt, ob ich überhaupt wisse, was das sei. Verunsichert schüttelte ich den Kopf.

Töne klärte mich breit grinsend auf: „Mit diesem Chip kann man einen Einkaufswagen von der Kette lösen."

Ich hatte nicht die leiseste Ahnung, wovon er redete. „Hä, welche Kette, was für verdammte Einkaufswagen?"

Ich wünschte, es wäre nicht wahr – aber vor zwölf Jahren hatte ich noch keinen blassen Schimmer vom Konzept eines Supermarktes! Entweder wurde ich bekocht, oder ich ging in Frittenbuden und Restaurants. Hat bestens funktioniert, so viel ist mal klar.

Bis zu meinem 26. Lebensjahr wollte meine Mutter absolut nicht, dass ich aus unserem Elternhaus auszog. Als ich mich endlich mal durchrang, eine eigene Wohnung in Münster zu beziehen, flehte sie unter Tränen: „Junge, bleib hier! Das ist doch kein Leben. Was soll nur aus dir werden? Du verhungerst doch!"

So war meine Mutter, sie umsorgte ihre Lieben gerne. Natürlich war ich von dieser Überfürsorge genervt, ich war 26 Jahre alt, da konnte man ja nun wirklich nicht behaupten, dass ich überhastet wegging. Es dauerte Jahrzehnte, bis ich begriff, wie gut meine Mama es damals mit mir meinte.

ERSTE EIGENE BUDE

Was für ein erhabenes Gefühl: die erste eigene Wohnung! Ein besonderer Tag im Leben eines jeden jungen Menschen. Nach der Schlüsselübergabe stand ich ganz allein darin. Sehr zu meiner Verärgerung hatte der Vormieter nicht nur seine Möbel, sondern auch sein Geschirr und frecherweise alle Lebensmittel mitgenommen. Die Bude war komplett leer und strahlte bei näherer Betrachtung eine gewisse Feindseligkeit aus.

Ich weiß, es liest sich komisch, aber damals war ich ein absoluter Volltrottel. Ich hatte von nichts eine Ahnung, was das Alltagsleben angeht. Mir war nicht klar, dass man für eine Wohnung auch eigene Möbel benötigt. Ich glaubte wirklich, dass der Vormieter die Sachen dalassen müsste. Aber woher hätte ich es auch wissen sollen? Bisher hatte ich ja im Hotel Mama logiert. Oder war mit der Band in anderen Herbergen unterwegs, wo es natürlich eine Einrichtung gab und sich auch sonst um alles gekümmert wurde. So kannte ich es: immer einen Schlafplatz und jederzeit was zu essen. Catering und Hotel, sozusagen.

Für mich stellte sich nie die Frage, was ich beruflich machen sollte. Das war immer klar: Profimusiker. Dieser Weg war so vorgezeichnet, dass weder meine Familie noch meine Freunde daran zweifelten. Das ergab sich einfach aus meinen Lebensumständen.

An den Wochenenden spielte mein Vater mit Band in ganz Norddeutschland, und ich war sehr oft dabei. Immer häufiger verkabelte ich die Anlage und stellte den Sound ein. Mein Vater war Schlagzeuger und Sänger, also wollte ich das auch. Irgendwann war ich gut genug als Drummer, und Papa sagte: „Heute Abend sing ich nur, du spielst Schlagzeug." Ich konnte mein Glück nicht fassen, vor lauter Aufregung versemmelte ich einige Nummern. Meinem Alten war das egal – er hatte meinen Einstieg ins Geschäft vollzogen und war stolz auf mich. So ging es dann munter weiter. Über kurz oder lang wurde ich auch bezahlt.

Mit fünfzehn gründete ich zusammen mit meinem Freund Christian die erste eigene Band. Punk war angesagt! Wir sahen uns als die legitimen Nachfolger von The Clash, denen der Erfolg in unseren Augen zu Kopf gestiegen war. Wir nannten uns Kartoffelsalat, weil wir den englischen Markt nicht so im Blick hatten. Gesungen wurde lieber auf Deutsch, wobei „gesungen" sicher etwas übertrieben ist. Unsere erste Single hieß *Krieg und Frieden*. Mit 11 Minuten war der Song aber eindeutig zu lang, und wir beschlossen noch während des ersten Gigs, quasi in der Pause, auf Bombastrock umzuschwenken. Punk was dead! Innerhalb von Minuten mutierten wir zu Fans der Prog-Rock-Gruppe Yes. Aus *Krieg und Frieden* wurde *War and Peace,* das Werk wurde auf eine Stunde und elf Minuten ausgedehnt. Hauptsächlich instrumental, sehr zum Leidwesen unseres Sängers.

Der Erfolg dieses avantgardistischen Größenwahns stellte sich erst nach dem Auftritt ein. Vorläufig kam der Veranstalter mit einem überraschenden Karriereplan auf uns zu: „So, Sportsfreunde, den Müll von heute will ich in meinem Saal nicht mehr hören. Wenn ihr nächsten Samstag ein paar ordentliche Songs aus den Charts spielt, kriegt jeder einen Hunderter und eine warme Mahlzeit. Wenn nicht, braucht ihr hier nicht mehr antanzen!"

Unser Bassist hielt das für kommerzielle Prostitution und lehnte ab. Wir hatten volles Verständnis, schmissen ihn aber postwendend aus der Band und sagten begeistert zu. Das war die unheilvolle Geburtsstunde meiner Karriere im Top-40-Business. Ein zweischneidiges Schwert. Einerseits verdiente man damit richtig gutes Geld, andererseits hatte man keine Zeit mehr für künstlerische Selbstverwirklichung.

1981 war die Zeit, als Livemusik noch König war. DJs spielten eine untergeordnete Rolle, jedenfalls waren sie keine Hauptacts. Wir Mucker waren total angesagt, und es gab jede Menge Jobs. Sowohl in den Diskotheken als auch bei Zeltfesten, Schützenfesten und sonstigen Massenveranstaltungen. Es gab Jahre, in denen wir 180 Jobs hatten, alle gut bezahlt. Unsere Kapelle zählte zu den bestbezahlten Bands, und zahlreiche Fans folgten uns wie die Lemminge.

Die Kohle war eine Seite der Medaille, aber es gab eine Sache, die noch viel mehr zählte: Wir waren automatisch da, wo es jede Menge schöne Frauen gab – und wir waren ihre Helden! Auch gut: Alle wollten es miteinander machen, alle machten es miteinander. Aids war noch kein echtes Thema. 1983 tauchten zwar die ersten Pressemeldungen über eine mysteriöse Viruserkrankung auf, aber das nahm keiner ernst. Fatalerweise glaubten damals viele, dass die Krankheit nur Homosexuelle betraf.

Also wurde munter drauflosgevögelt. Neue Stadt, neues Glück! Hinter der Bühne, im Hotel, neben dem Zelt, auf der Motorhaube, im Kofferraum: Denkt euch was aus, wir haben es gemacht. Und zwar im besten Einverständnis. Ein Riesenspaß!

Selbst während des Auftritts. Unser Sänger rief kurz zum Gitarristen rüber: „Sing du die Nummer!", und zog sich zur freundlichen Fanbetreuung kurz in die Garderobe zurück. Um anschließend auch noch übers Mikro zu sagen: „Bitte lachen Sie nicht über unseren Bandbus, da könnte auch schon ihre Freundin drin gelegen haben!" Immer ein Riesenlacher. Wenn manche wüssten ...

Das hört sich jetzt wie Fantasiegeschichten aus einer anderen Welt an, aber so war es wirklich. Was heute befremdlich nach Sexismus und Chauvinismus klingt, war damals ein ganz simples Arrangement. Wie gesagt: Alle wollten es, Männer und Frauen. Unverkrampft und mit viel Spaß! Man fragte oder man wurde gefragt. Oft reichte ein Blick, und es ging sofort fröhlich zur Sache. Noch heute huscht bei einigen Ortsnamen ein leichtes Grinsen über mein Gesicht.

Vor ein paar Jahren spielte ich in Cuxhaven in der Kugelbakehalle mein Programm *Richtig Fremdgehen*. Nach der Show ging ich mit einem Glas Schampus beschwingt Richtung Catering, als mich der Veranstalter hektisch vor der Garderobe abfing. Oha, dachte ich, was hat Pauli denn für ein Problem?

Stefan Paul, genannt Pauli, ist nicht nur Deutschlands schönster Veranstalter, sondern auch jederzeit gut gebräunt und fachlich über jeden Zweifel erhaben. Zudem raucht er wie ein Schlot und ist ein echtes Feierbiest. Legendäre After-Show-Partys sind von ihm schon akribisch organisiert worden. Zum Beispiel die „Titty Twister"-Party im Pier 2 in Bremen, kurz vor Weihnachten. Pauli hatte hingebungsvoll dekoriert, und es sah wirklich aus wie im Film *From Dusk Till Dawn*. Ich hatte am Tag zuvor auf einer Weihnachtsparty in der Zentrale der Parfümeriekette Douglas gespielt. Der Geschäftsführer des Ladens hatte mir zwanzig Einkaufstüten mit hochwertigsten

Cremes und edelsten Parfümen einpacken lassen. Am nächsten Abend in Bremen begrüßte ich alle weiblichen Gäste unseres After-Show-Events persönlich und überreichte jeweils eine Tasche mit kostbarem Inhalt. Dementsprechend gelöst waren alle direkt auf dem Highway der Ekstase unterwegs. Die Party ging in die Top Ten unserer Tourfeiern ein. Fellini hätte sich bewundernd vor Pauli in den Staub geworfen.

Aber zurück nach Cuxhaven! Ich kam also gerade aus meiner Garderobe, als Pauli mir verschwörerisch ins Ohr raunte: „Hömma, Digga, da steht an der Bühne eine gewisse Angela. Sagt, sie hätte 1985 'ne heiße Affäre mit dir in Stade gehabt."

Ich erschauerte vor Ehrfurcht. Mir war sofort klar, um wen es ging. Ich errötete leicht und atmete schwer. Die Bilder, die vor meinem geistigen Auge abliefen, ließen meine Knie weich werden. Sofort wurde sämtliches Blut aus meinem Körper in Richtung Feinripptempel beordert. Angela, ausgerechnet Angela! Eine der schönsten Frauen Norddeutschlands. Bei ihrer Erschaffung hatte Gott wahrscheinlich allen zeigen wollen, was so geht: Kim Basinger in attraktiv. Ihr Gesicht war eine perfekte Komposition aus hübscher Nase, vollen sinnlichen Lippen und zwei strahlend blauen Augen, in denen man kopflos versinken wollte. Endlosbeine bis zum Hals. Eine Traumfigur, Kurven inklusive und so eigenwillig wie der Formel-1-Kurs in Monaco. Zudem auch noch klug und schlagfertig.

Die Erinnerung an diese weibliche Offenbarung ließ mich noch mal erschauern. Ganz klar: Wir hatten damals keine „Affäre" gehabt, das wäre eine viel zu banale Beschreibung. Es war ein Orkan der Leidenschaft, immer und immer wieder waren wir auf Monsterwellen der Lust dem Sonnenuntergang entgegengeritten! Mittlerweile schwelgte ich derart in Erinnerungen, dass ich schon wieder bereit zum Äußersten war – bis die Tür zum Catering aufflog und eine verquarzte Frauenstimme im breitesten Norddeutsch blökte: „Aaaatzeeeeee, da issa ja, min lütten Schieter!"

Augenblicklich zog sich die Speerspitze meiner lüsternen Rückbesinnung ins Innerste meines Skrotums zurück.

Nicht nur ich war konsterniert: Meine Crew, die sich vor dem Abbau der Technik noch auf eine Tasse Kaffee im Raum versammelt hatte, schaute fragend und amüsiert zugleich in mein verdutztes Gesicht.

Anscheinend war nicht nur ich älter geworden. Aus der jugendlichen Liebesgöttin war inzwischen eine reife, gutbürgerliche Frau geworden. Natürlich hatte der Zahn der Zeit auch an ihr genagt, sie hatte einige Pfündchen zugelegt, was ihr allerdings gar nicht schlecht stand. Sie sprang mir unvermittelt an den Hals, und ich ging sanft in die Knie. Während sie mir fürsorglich wieder auf die Beine half, rief sie meinen geschockten Jungs zwinkernd zu: „Der Atze, der war früher schon so 'n Schnacker!" Ich wollte gerade protestieren, dass ich noch kein Wort gesagt hatte, als Angela trocken nachsetzte: „Gibt das hier mal 'nen Jägermeister, oder muss Mutti verdursten?" Damit war die Marschroute klar. Das Ziel war alkoholisch, nicht erotisch.

Noch Monate später nannten meine Leute mich „lütten Schieter". Pauli brauchte Monate, bis er bei meinem Anblick nicht mehr loslachte.

Es war jedenfalls noch ein toller Abend mit Angela und ihrem Mann Andi. Sensationell, wie sich die Menschen verändern und welche Wege sie beschreiten. Faszinierend, wie die Erinnerung nicht mitaltert und bestimmte Personen in jugendlicher Schönheit abspeichert. Mein Vater sagte immer: „Junge, schaff dir Erinnerungen!" In meinem Gedächtnis wird

Angela wohl immer die Traumfrau von 1985 bleiben. Aber unser Wiedersehen bleibt genauso unvergessen.

Die zehn Jahre, die ich als Musiker (und später Tontechniker) in der Top-40-Szene verbracht habe, würden allein ein dickes Buch mit Anekdoten füllen. Es stünde den Geschichten um Lemmy Kilmister, Iggy Pop oder auch Mick Jagger in nichts nach. Ich hab nur etwas weniger Drogen genommen, es waren sicher auch nicht ganz so viele Topmodels vor meiner Flinte wie bei Jagger, und der Glamour der Rudolf-Oetker-Halle in Bielefeld hat bei Weitem nicht die Strahlkraft des Madison Square Garden in New York.

Die Top 40 hatten damals unbestreitbar Vorzüge. Man verdiente gutes Geld, hormonell war ständig Erntedankfest, und als Musiker wurde man durch die verschiedenen Musikrichtungen, die man bedienen musste, immer besser. Zur Wahrheit gehörten aber auch viele schlechte Hotels, miese Pensionen, endlose Nächte auf der Straße, zermürbendes Tingeln durch die Provinz. Zudem spielte man nicht seine eigene Musik, sondern eben die Charts rauf und runter. Das bedeutete: Modern Talking, Samantha Fox, Dschinghis Khan. Besondere Hassobjekte waren die sogenannten Songs von Jennifer Rush und der Einheitsbrei aus der Schwurbelschmiede Stock Aitken Waterman (für Interpreten wie Rick Astley, Kylie Minogue, Bananarama). Und es gab noch schlimmere Erniedrigungen. Der größte Erfolg bei unserem Publikum war seinerzeit „Boys Boys Boys". Sabrina, einem gut gelaunten italienischen Busenmodel (so nannte man das damals noch ungeniert) mit Körbchengröße „Medizinball", war dieser Song untergejubelt und die fragwürdige Performance hauptsächlich mit ihren schwergewichtigen Argumenten unterfüttert worden. Der Erfolg des Machwerks raubte mir jeglichen Glauben an die Musik. Es war wirklich unfassbar: Kaum ertönten die ersten Takte dieses einfältigen Liedchens, tickte die Meute auf der Tanzfläche komplett aus. Und zwar deutschlandweit. Erschütternd für einen jungen Drummer wie mich. Eine Katastrophe! Ich wollte doch eigentlich nur Jazzrock spielen, und zwar instrumental.

Den meisten anderen in unserer Band ging es ähnlich. Das Geld stimmte, aber künstlerisch ging man vor die Hunde und stumpfte mit der Zeit völlig ab. Die Zweifel an der ganzen Nummer wurden dann, so gut es ging, mit schnellem Sex und viel Alkohol betäubt. Bei einigen ging das nicht lange gut. Ich habe viele Sängerinnen, Sänger und Gitarristen psychisch abstürzen sehen. Teilweise hochtalentierte Musiker, die nicht stark genug waren für die Schattenseite der Unterhaltungsindustrie. Tanzmucker, Schwanzmucker, mehr nicht. Ein Pakt mit dem Teufel.

Mir war bald klar, dass ich da rausmusste. Was mit zwanzig vielleicht noch witzig, mit dreißig erträglich und ab vierzig nur noch profitabel ist, wird ab fünfzig nur noch lächerlich. Stellt euch mal vor, ich müsste heute auf der Bühne Songs von Billie Eilish oder Justin Bieber performen ... Schockierender Gedanke!

Es gab aber auch sonnige Gemüter in der Branche, denen der raue Wind nichts anhaben konnte. Unvergessen: Wir suchten mal wieder einen unverbrauchten Gitarristen der Spitzenklasse. Der amtierende Gitarrero, übrigens ein versierter Könner an den Saiten, war innerhalb von drei Jahren unbrauchbar geworden. Er kam als strahlender Löwe und ging als verkokstes Erdmännchen.

Wir hatten im *Fachblatt* eine Anzeige geschaltet: „Top Top-40-Band mit enormen Verdienstmöglichkeiten sucht Topgitarristen mit Gesang für mind. 150 Gigs im Jahr. Bitte nur Profis!"

Unserer Meinung nach war dieses Inserat eindeutig – wir suchten auf allerhöchstem Niveau! Insgeheim dachten wir an Steve Lukather von Toto oder Eddie Van Halen.

Zu unserer großen Freude meldete sich umgehend jemand, der schon am Telefon den Eindruck eines international gefragten Saitenakrobaten machte. Wir waren selig. Gleich auf Anhieb ein Treffer, was für ein Glück! Begeistert vereinbarten wir eine Probe, um sofort Nägel mit Köpfen zu machen. Dominik, so hieß unser zukünftiger Spitzenmann, bekam eine Kassette mit fünf verschiedenen Songs, die die Bandbreite unseres Programms repräsentierten.

Eine Woche später trafen wir uns im Proberaum. Dominik kam zwar mit einer Stunde Verspätung, aber: Er hatte nicht zu viel versprochen. Ein gut aussehender, gut gebauter Sonnyboy mit gewinnendem Lächeln und lockeren Sprüchen eroberte unsere Herzen im Sturm. Nach einer weiteren Stunde drängte unser Keyboarder allerdings darauf, mal die Nummern von der Kassette zu spielen.

Erst da fiel uns auf, dass unser künftiger Gitarrist weder eine Gitarre noch einen Verstärker dabeihatte. Das war vorher nicht aufgefallen, weil er, die verspiegelte Ray Ban im Haar, so weltmännisch für beste Unterhaltung gesorgt hatte. Kein Problem – eine zweite Klampfe war zügig zur Hand, und er stöpselte sich ungefragt in den zweiten Eingang des Verstärkers unseres zweiten Gitarristen ein. Eigentlich eine unprofessionelle Dreistigkeit, die von unserem neuen Star mit einem neckischen Augenzwinkern überspielt wurde. Das sah schon geil aus, wie er da mit dem Instrument am Mikro stand. Eine gelungene Symbiose aus Steven Tyler und Joe Perry in ihren besten Jahren. Ein Rockstar wie aus dem Bilderbuch.

Endlich ging es zur Sache! Es wurde eingezählt, und alle warteten gespannt auf das legendäre Riff von „Sweet Home Alabama". Eins, zwei, drei – „Stopp, stopp, stopp!", rief Dominik. „Ich muss euch noch was sagen! Diese Kassette, die ihr mir zugeschickt habt, ich ... äh ... ich hatte keine Zeit, da mal reinzuhören."

Nach einem kurzen Schockmoment zeigten wir volles Verständnis. Klar, so ein viel beschäftigter Profi wie er hatte sicher Besseres zu tun, als sich eine müde Kassette reinzuziehen. Kein Problem, eher unsere Schuld. Sorry! Also kurz überlegt, dann würden wir eben irgendeinen Rockklassiker runterdreschen. „Highway to Hell" – kennt jeder, kann jeder. Dachten wir zumindest. Mit kernigem Sound, leicht in den Spagat gehend, entlockte er dem geliehenen Instrument die ersten Akkorde. Leider nicht die von „Highway to Hell". Und auch nicht die eines anderen Klassikers. Spätestens jetzt war uns klar: An der Gitarre war der Typ ein Stümper. Aber Dominik grinste nur breit.

„Sorry, Leute, ich bin heute irgendwie nicht gut drauf!"

Unser zweiter Gitarrist kannte kein Erbarmen: „Dann sing doch erst mal, und dann sehen wir weiter."

Alles klar. Dominik strahlte wieder sein sonniges Siegerlächeln, und es ging wieder ab auf den Highway. Das bekannte Riff ertönte, die Drums knallten rein, und alle warten auf Dominik Bon Scott! Vergebens. Im Laufe der ersten Strophe hörten wir einfach auf zu spielen und schauten ihn mit großen Augen an. Gesanglich war das irgendwo schräg zwischen Scooter und dem Wendler.

Dominik schaute seinerseits verständnislos in unsere entgeisterten Gesichter und sagte heiter: „Ihr wolltet einen Profi, ich bin ein Profi!"

Betretenes Schweigen erfüllte den Raum.

Unser Profi setzte vorwurfsvoll nach: „Ja was? Wollt ihr euch jetzt abnerven? Lass uns lieber hinterm Haus 'ne Runde im Pool schwimmen!"

Und so geschah es. Musikalisch war der Gute ein kompletter Vollpfosten, aber ich habe nie wieder einen so perfekten Seemannsköpper gesehen. Ehre, wem Ehre gebührt. Wo auch immer Dominik heute sein mag, ich bin sicher, dass es ihm richtig gut geht. Top Typ. Wir werden dich nie vergessen, du Spitzengitarrist der Herzen!

Als ich mit gerade mal sechzehn Lenzen anfing, in einer Muckerband zu trommeln, war ich natürlich der Jüngste in der Truppe. Die anderen waren Anfang zwanzig. Nur Werner, der Sänger dieser maroden Schlagerband, hatte mit 38 Jahren bereits deutlich mehr auf dem Tacho. Immer wieder brachte er Schoten vom Feinsten. Immer drüber, immer nur auf den eigenen Vorteil bedacht. Wie der schmierigste Kreisliga-Casanova, den man sich denken kann. Wir Jüngeren bekamen schnell mit, dass er nicht nur seine herzensgute Ehefrau Ulla hinterging, sondern auch seine zahlreichen Geliebten oder „Filialen", wie er sie nannte, nach Strich und Faden verarschte. Kein Lügenmärchen wurde ausgelassen. So lernten wir von der Pike auf, welchen Müll man glaubhaft verzapfen kann. Einmal tanzten im Publikum sogar seine Frau *und* zwei seiner Hauptfilialen. Und alle waren sich sicher, dass der Werner Roland Kaisers „Santa Maria" nur für sie sang.

Eines Abends spielte der schöne Werner mal wieder ein riskantes Spiel mit der außerehelichen Liebe. Um die Lage richtig kompliziert zu gestalten, machte sich in seiner ranzigen „Stargarderobe" eine gewisse Renate mit ein paar Gläschen Sekt locker. Unglücklicherweise war sie die Frau des Veranstalters, der schon seit einer Stunde fieberhaft Ausschau nach seiner

Gattin hielt. Gut, dass der Rest der Band, inklusive mir, keine Ahnung von dieser unheilvollen Konstellation hatte. Wir glaubten schließlich noch an das Gute im Menschen. Als unser testosterongetriebener Provinz-Popstar lauthals übers Mikro den nächsten Song ankündigte, dachten wir jungen Burschen zunächst, der Chef wolle uns einen Gefallen tun, damit wir an dem Abend nicht nur Schnulzen spielen mussten.

„Meine Damen und Herren, Ladies and Gentlemen, jetzt haben wir einen besonderen Leckerbissen für unsere Rockfreunde hier im Saal: ‚Oxygène' von Jean-Michel Jarre!"

Wir waren total perplex. Das war weder abgesprochen, noch kannten wir die Nummer besonders gut. Rockmusik war Jean-Michel Jarre jedenfalls nicht. Aber was sollte es, besser als der ganze andere Schrott, den wir spielen mussten!

Werner verschwand backstage und überließ uns unserem Schicksal. Blauäugig, wie wir waren, dachten wir: Der geht in den 4 Minuten, die die Nummer dauert, kurz pullern, um seinen halben Liter Asbach-Cola zu entsorgen. Weit gefehlt! Stattdessen eilte er schnurstracks in die Garderobe, um bei Renate mal feucht durchzuwischen. Selbst nach 8 Minuten „Oxygène" fehlte noch jede Spur von ihm. Eigentlich gab es in dem Stück weder Gitarre noch Saxofon und ganz sicher kein Schlagzeugsolo, aber was sollten wir machen? Nach schier endlosen 16 Minuten betrat unser Leadsänger unvermittelt wieder die Bühne. Erleichtert stoppten wir das „Oxygène"-Genudel und schauten ihn erwartungsvoll an. Sichtlich derangiert und mit gebrochener Stimme stimmte Werner „Words (Don't Come Easy)" an, den miesen Heuler von F. R. David. Eher asi als easy. Nerven hatte der, das musste man ihm lassen. Unser Keyboarder war so aufgebracht, dass er ihn noch während des Songs quer über die Bühne anzischte: „Wo warst du, zur Hölle?!"

Werner drehte sich beim Singen um und hielt ihm verschwörerisch Zeigefinger und Daumen der rechten Hand unter die Nase. Am Mikro vorbei flüsterte er ihm zu: „Hier, riech mal!"

Wir bekamen das alle mit, hielten es aber für eine von Werners üblichen Geschmacklosigkeiten. Der brave Keyboarder versuchte, den Song ohne Würgereiz und blass wie das Turiner Leichentuch zu Ende zu spielen. Drei Wochen nach dem kruden Vorfall verließ er die Band. Wir hörten nie wieder von ihm.

Werner kommentierte den Abgang und die moralische Entrüstung unseres Tastendrückers später so: „Ich weiß nicht, was er hat, das war eine Sache unter Erwachsenen."

Damit war die Sache für ihn erledigt. Und der Rest unserer Truppe begrüßte unseren schmierigen Bandboss nie wieder mit Handschlag.

RAUS AUS DER SACKGASSE

Mit Mitte zwanzig schwante mir, dass ich mich in einer Sackgasse befand. Ich verdiente zwar ein Schweinemoos, doch es widerte mich immer mehr an. Ich war auf dem besten Wege, mich in einen zynischen Musik- und Menschenhasser zu verwandeln. Musik konnte ich nicht mehr hören, geschweige denn genießen. Auch der unwürdige Umgang mit Frauen und der raue Ton, der in der Branche herrschte, färbten langsam auf mich ab.

Mein Vater, der feine Antennen für solche Entwicklungen hatte und das ganze Gebaren ja auch selbst nur zu gut kannte, nahm mich eines Tages beiseite.

„Junge, du bist erwachsen und kannst tun und lassen, was du willst. Aber du fängst an, dich zu verändern. Das gefällt mir nicht."

Sprach's und ließ mich stehen.

Und so begann ich zu grübeln. Meine Kunst war nicht brotlos, fühlte sich aber nicht mehr wie Kunst an. Der eigentliche Clou war: Meine Schwester galt immer als die geborene Künstlerin in unserer Familie. Ich war nur der kleine Bruder, der sich solide, aber auf keinen Fall künstlerisch bedeutend durchwurschtelte.

Anne ist zwei Jahre älter als ich und hat von jeher alles besser gekonnt. Das klingt vielleicht so, als ob ich neidisch wäre, doch das stimmt nicht. Ich kann sehr gut damit umgehen, wenn Menschen talentierter oder sportlicher sind als ich. In Bezug auf meine Schwester über Neid zu spekulieren, entspricht also einfach nicht den Tatsachen. Wir haben uns immer gut verstanden und lieben uns bis zum heutigen Tag, obwohl sich unsere Lebenswege räumlich getrennt haben – Anne lebt seit über dreißig Jahren in den USA. Dementsprechend haben wir uns etwas aus den Augen verloren. Wenn wir uns sehen, ist die Geschwisterliebe sofort wieder da.

So ist das mit älteren Schwestern: Entwicklungstechnisch sind sie ihren Brüdern oft Lichtjahre voraus. Meine war außerdem, wie schon erwähnt, mit großen Talenten gesegnet. Ihr fiel eigentlich alles in den Schoß. Lernen war einfach, Klavierspielen machte auch nur wenig Mühe, und gutes Benehmen schien ihr in die Wiege gelegt. Alles gelang ihr mit einer Leichtigkeit, von der ich nur träumen konnte. Ich suche noch nach dem richtigen Vergleich: Während sie durchs Wasser glitt wie eine schnittige Segelyacht im leichten Sommerwind, war ich eher ein rustikaler Ausflugsdampfer mit disziplinloser Mannschaft. Windhund gegen Labrador, Ballett gegen Schuhplattler! Einer der Lieblingssprüche meiner Mutter war: „Junge, lass das lieber deine Schwester machen, bei dir geht das nur schief!" Heute weiß ich, dass sie es nur gut meinte, aber die ständigen Hinweise auf meine mangelnden Fähigkeiten haben mich oft gekränkt.

Anne war aber auch gut! Eine ihrer großen Begabungen war das Malen. Mit leichtem Strich zeichnete sie die schönsten Bilder oder fertigte feinsinnige Radierungen an. In unserem Haus hingen überall Zeugnisse ihrer Kunst. Es machte ihr überhaupt keine Mühe, sondern war eher ein entspannter Zeitvertreib zum eigenen Amüsement. Wenn sie am Klavier saß und

Mozart spielte, zitierte sie mich gern herbei. Dann musste ich in Strumpfhosen wie ein klassischer Tänzer einige Runden dazu drehen. Für ihre Inspiration, sagte sie. Mir war das egal, ich tat so ziemlich alles, um ihr zu gefallen. Schließlich war sie ja der Familienstar. Und mir intellektuell haushoch überlegen.

Das kennen wahrscheinlich viele, die eine ältere Schwester haben: Anne bat mich nicht um etwas, sondern erteilte Befehle. Und wenn ihre Anweisungen nicht augenblicklich befolgt wurden, konnte sie ungemütlich werden. Einmal habe ich gewartet und bis drei gezählt. Was dann passierte, war unangenehm und tat Tage später noch sehr weh. So zog die Prinzessin unbeirrt ihr Ding durch und ließ sich von niemandem beirren, schon gar nicht von einem kleinen Tiffeltoffel wie mir. Zu allem Überfluss sah sie auch noch richtig gut aus. Ab ihrem fünfzehnten Lebensjahr standen die Jungs bei ihr Schlange, um von ihren süßen Früchten zu naschen.

Das war die Zeit, wo mir der Anne-Kult zu viel wurde, vor allem, weil ich natürlich selbst kurz vor der Pubertät stand. Die ständige Bevormundung, Überforderung und auch die offene Entwertung durch meine Mutter beförderten unheilvoll meinen latent vorhandenen Jähzorn. Und wenn ich mal ausrastete, dann komplett. Mit stetig wachsender Körperkraft schien mir Gewalt das einzige Mittel, um mich gegen meine Schwester durchzusetzen. Es war fürchterlich! Meine Eltern waren mit unseren ständigen Streitereien ziemlich überfordert. Wenn ich einen meiner legendären Wutanfälle hatte, konnte nur noch Oma mich beruhigen. Ich war eine tickende Zeitbombe. Ein dummer Spruch von meiner Schwester – und ich explodierte. Einmal war ich so wütend, dass ich ihr wie von Sinnen in den Rücken gebissen habe. Die Narbe sieht man heute noch (und Anne zeigt sie genüsslich ihren Freunden, wenn ich dabei bin).

Meine Wut speiste sich aus mehreren Quellen. Ich empfand vor allem die Schule als qualvolles Gefängnis. Zudem sorgte meine eigene Entwicklung für Reibung und Entfremdung von Anne. Deren geistige Überlegenheit erzeugte bei mir permanenten Stress. Es war ein Teufelskreis. Unter dem Strich waren das wirklich unglückliche Jahre, auf die ich auch heute noch ziemlich ratlos zurückblicke. *Lost in space, lost in emotion.*

In ihrer Verzweiflung über meine eruptiven Wutausbrüche kam meine Mutter auf eine Idee: Da ich körperlich ziemlich gut drauf war, riet sie mir, meine überschüssigen Energien doch mal in den örtlichen Turnverein zu investieren. Anfangs war ich eher zögerlich. Komischerweise gefiel mir das Training aber schon bald. Vor allem am Reck und am Barren war ich richtig gut. Mindestens viermal die Woche ging ich in die Sporthalle und ließ richtig Dampf ab. Turner müssen hart im Nehmen sein. Fehler führen zu Abschürfungen, üblen Verstauchungen und Schmerzen. Dazu Muskelkater und Überdehnungen. Mir gefiel das alles, weil ich mich spürte. Gleichzeitig wurde mein Ehrgeiz geweckt, so gut zu werden, dass ich eben keine Fehler mehr machte. Mit dicken Schwielen an den Händen trainierte ich wie ein Besessener. Konkurrenzkampf und zahlreiche Wettbewerbe waren auch mein Ding. Mich mit gleichaltrigen Jungs zu messen, das war genau das, was ich brauchte!

In dieser Welt spielte meine Schwester keine Rolle mehr. Meine Nerven beruhigten sich im Laufe der Zeit, und ich gewann Abstand zu Anne. Das tat nicht nur uns beiden, sondern der ganzen Familie gut. Positive Nebenwirkung der ganzen Plackerei: Mit fünfzehn war ich körperlich in Topverfassung. Kein Gramm Fett, jede Menge Muckis. Mein Turnerfreund Christoph und ich ließen keine Gelegenheit aus, unsere Beweglichkeit zur Schau zu stellen. Im Gespräch einfach mal einen

Rückwärtssalto, Spagat auf dem Kneipentresen, im Handstand die Treppe hoch – kein Trick war uns zu billig, um Mädels zu beeindrucken und Konkurrenten zu verschrecken. Herrlich!

Anfangs konnte ich das Turnen und die Musik noch prima miteinander vereinbaren. Mit achtzehn war es jedoch kaum noch möglich, beides parallel zu betreiben. Die Entscheidung war schnell gefällt: Von da an widmete ich mich ganz der Band. Bei den Turnfesten gab es zwar auch jede Menge Frauen, aber die unartigen Mädchen fand man eben eher kreischend vor der Bühne und nicht auf dem Schwebebalken. Da war die Sache klar, zumal mit Sport auch kein Geld zu verdienen war.

Meine Schwester hat natürlich eine Bilderbuchkarriere hingelegt. Nach dem Studium ging es mit ihr als Designerin steil bergauf. Mit vierundzwanzig ging sie nach New York und lebt seitdem glücklich in den USA. Ich hoffe, die Narbe auf ihrem Rücken juckt ab und zu, wenn sie an mich denkt! Gott sei Dank muss sie sich da drüben nicht mit meiner Karriere beschäftigen. Niemand spricht sie auf mich an, und angeben kann sie auch nicht mit mir, denn für Amerikaner ist ein deutscher Komiker so absurd wie ein Eisbär in der Wüste.

Vom Komiker war ich 1986 noch weit entfernt. Ich ahnte noch nicht mal, was Comedy ist. Meine Sorgen waren von anderer Art: Mein Vater hatte recht – ich hatte mich verändert, und nicht zum Guten. Die nervige Trommelei in der Top-40-Welt, das Nachäffen angesagter Hits und das Tingeln durch Großraumdiskotheken und Bierzelte hatten mir jeden Spaß an der Musik genommen. Ich war kein Musiker mehr, sondern ein seelenloser Drumcomputer!

Noch während ich diese Zeilen hier schreibe, denke ich: Super, du Trottel, warum hast du dann nicht einfach aufgehört? Tja, warum? Natürlich wegen des schnöden Mammons! Auf das Geld wollte ich keinesfalls verzichten. In einer vollen Windel sitzt es sich ja schön bequem und warm. Außerdem konnte ich mir gar nicht vorstellen, irgendwas anderes zu können.

Ich unternahm dann trotzdem etwas, aber nur halbherzig. Mein Kompromiss war, Tontechniker zu werden. Sound und Technik hatten mich immer schon fasziniert, also wechselte ich vom Drum-Hocker hinters Mischpult. Wenn ich mir den ganzen Mist schon anhören musste, sollte er wenigstens gut klingen.

Die Tontechnik steckte damals noch etwas in den Kinderschuhen. Jeder Gig war ein akustisches Abenteuer, man probierte viel aus. Mein bester Freund war der Lötkolben. Immer ging irgendwas kaputt, brannte durch oder kratzte und knarzte. Boxen, Mischpulte, Verstärker – alles war groß, schwer und unhandlich. Zwangsläufig lernte ich sehr viel über Technik, weil man dauernd auf der Suche nach einer besseren Lösung war. Zunächst hatte ich Spaß daran und feilte mit geradezu missionarischem Eifer am technisch besten Ergebnis. Digital war ja noch gar nichts, höchstens die Quarz-Armbanduhr.

Aber sosehr ich mich auch in die Materie hineinkniete – letztlich brachte auch dieser Job keine Erlösung. Die Musik war immer noch scheiße, auch wenn sie langsam besser klang. Mein neues Leben war wieder ein Hamsterrad im goldenen Käfig. Es war anstrengend: permanent den neuesten technischen Entwicklungen hinterherhecheln, immer wieder dieses Gefühl des Nichtankommens. Kostenintensiv war das Ganze obendrein. Was eben noch sauteuer und topmodern war, galt ein Jahr später schon fast als Elektroschrott. Zudem stand man mit der teuren Technik inmitten einer betrunkenen Meute, der alles egal war. So manch fliegender Bierbecher landete auf meinem mühsam finanzierten Mischpult. Bei jedem Auftritt gab es Ärger mit einigen Besoffskis. Zu der Zeit gab es noch keine Security auf den Großveranstaltungen, und man musste sich noch selbst mit den trunkenen Trotteln auseinandersetzen.

Zu meinem eigenen Schutz hatte ich mir im örtlichen Waffenladen einen professionellen Schlagstock besorgt. Das Topmodell mit eingebautem Pfefferspray. Man konnte damit also nicht nur herzhaft zuschlagen, sondern auf Knopfdruck auch eine scharfe Dusche verabreichen. In der Band wurde dieses lustige Gerät immer das „Migränestäbchen" genannt. Ich weiß, das klingt ziemlich unentspannt und furchterregend, aber mit einigen Randalierern war echt nicht zu spaßen. Ein Troublemaker allein war noch leicht zu besänftigen, doch wenn eine ganze Krawalltruppe auftauchte, brauchte es schon ein entschiedenes Auftreten.

Ich erinnere mich noch genau an ein Individuum, das bei einem Gig seine leere, völlig versiffte Currywurstschale direkt auf meinem sündhaft teuren Mischpult parkte. Am liebsten hätte ich dem Penner die Schale direkt wieder ins Gesicht geschoben, aber die Sache hatte einen Haken: Der Typ war zwei Meter lang und gefühlt auch breit, außerdem hatte er Arme wie Baumstämme. Gegen die Klitschkos zu boxen hatte ich natürlich keine Lust, also ließ ich den Rübezahl erst einmal straflos davonziehen.

Innerlich tobte ich natürlich. Je länger ich darüber nachdachte, desto mehr regte ich mich auf. Mein Jähzorn war schon lange nicht mehr so getriggert worden. Ganz klar: Es musste Rache geübt werden. Vendetta! Kurz entschlossen nahm ich einen Hammer aus meiner Werkzeugkiste und machte mich auf die Suche nach dem Schmierkopp.

Ich sah den monströsen Übeltäter in einer Gruppe rechts von der Bühne stehen. Mit dem Hammer in der Hand und ohne Plan, was ich mit selbigem eigentlich tun wollte, hielt ich auf die Gang zu. Plötzlich hielt ich inne, weil mein Gewissen sich meldete: Verdammt noch mal, Schröder, du kannst doch nicht einfach Personen mit einem Hammer schlagen, um Himmels willen! Und das noch vor versammelter Mannschaft!

Nein, Zeugen konnte ich nicht gebrauchen. Ich musste mir etwas anderes überlegen. Also schlich ich mich, auf allen vieren, von hinten an mein Opfer an. Als ich unbemerkt an seinen großen Biker-Stiefeln angekommen war, hatte ich endlich eine Idee. Ich nahm den Hammer aus dem Mund, holte weit aus und schlug mit ordentlich Wumms beherzt auf seinen rechten großen Zeh.

Der Schrei des Widerlings war trotz ohrenbetäubender Lautstärke in dem Schuppen bis zur Toilette zu hören. Ich war nach dem Schlag schon wieder meterweit vom Tatort entfernt und drehte mit Unschuldsmiene an meinen Mischpultknöpfen. Gestützt von seinen Asi-Kumpels verließ das Großmaul humpelnd und wimmernd das Festzelt, während ich, hochzufrieden mit meiner humanen, deeskalierenden und zum Teil auch gewaltfreien Lösung den Rest des Abends harmonisch ausklingen lassen konnte.

Die spontane Rache schmeckte süß, nur nicht besonders lange. Als ich mir die Sache später durch den Kopf gehen ließ und sämtlicher Zorn aus meinem Körper gewichen war, kam ich mir ziemlich blöd vor. Wie tief war ich gesunken? Auf allen vieren mit einem Hammer im Mund über den versifften Boden eines Bierzeltes zu kriechen, um einen Flegel zu maßregeln, das war nicht gerade der Stoff, aus dem die Träume sind.

Ich lag sinnierend im knarzenden Bett des Zweisternehotels „Zur Post" in der Lüneburger Heide. Das Zimmer war eindeutig zu laut für zwei Sterne. Die Heizung bollerte, aber heizte nicht. Die Matratze hatte die übliche Vertreterkuhle, die Bettdecke war sicher mal weiß gewesen – Ende der Sechziger. Das Bad war insgesamt ein Albtraum in Pastellgrün, und nicht zum ersten Mal hatte ich im Nasszellenbereich schwarze Fugen entdeckt. Das Angebot der sogenannten Minibar bestand aus einer Flasche Wasser und einer kleinen Flasche Amselfelder-Rotwein. Wirklich großartig, dieses Rock-'n'-Roll-Leben! Ich hatte es so satt. Ich grübelte und wälzte mich von einer Seite auf die andere. Wieso war ich eigentlich immer noch dabei? Der Wechsel von der Bühne zum Mischpult hatte nichts gebracht. Dieselben Hotels, dieselben Leute, dieselbe Mucke. Für mich hatte sich nichts verändert. Anderer Arbeitsplatz, aber immer noch in der Firma. Wollte ich vielleicht gar nicht raus? Wir schrieben mittlerweile das Jahr 1991, und ich begriff: So kann es nicht weitergehen. Es reicht nicht, nur den halben Zopf abzuschneiden.

Für eine echte Veränderung muss man den Mut haben, alte Verbindungen zu kappen. Man muss springen, ohne genau zu wissen, wo man landet. Für mich bedeutete das: Schluss mit dem Musikgeschäft. Schon am folgenden Tag teilte ich den Bandkollegen beim Abendessen meinen Entschluss mit.

„Leute, ich muss euch mal was sagen: Für mich war's das hier. Zum ersten Mai bin ich raus. Bis dahin solltet ihr einen neuen Tontechniker gefunden haben. Das hat nichts mit euch zu tun, ich hab einfach keinen Bock mehr! Und irgendwann ist es ja auch mal gut."

Schweigen am Tisch, fragende Gesichter, vereinzeltes Grinsen. Im Laufe des Abends hörte jeder dann etwas genauer nach. Anscheinend war ich nicht der Einzige, der sich solche Fragen stellte. Die meisten interessierten sich dafür, wie ich mir die Zukunft vorstellte, mit jeweils unterschiedlichen Akzenten:

Uwe, der Keyboarder, wollte wissen, wie es denn finanziell weitergehen solle. Otto, der Gitarrist, fragte nach meinen musikalischen Plänen. Der Rest der Truppe hielt mich einfach für bekloppt. Das schöne Geld, wirst dich noch umschauen, das war der allgemeine Tenor. „Woanders liegt die Kohle nicht auf der Straße!"

Ich konnte die Einwände gut verstehen. Aber meine Entscheidung stand fest. Ich war fertig, Feierabend.

Ich wusste in dem Moment selbst nicht, wie es weitergehen sollte. Eigentlich konnte ich ja nichts außer Schlagzeugspielen und einen guten Sound mischen. Also, was tun? Einen Beruf erlernen? Mit sechsundzwanzig in einer Berufsschule rumsitzen? Studieren?

Wenn du zehn Jahre schon malocht und viel Geld verdient hast, gehst du nicht plötzlich zur Uni, studierst Philosophie und lebst vom Bafög. Nein! Eins war klar für mich: Mein Leben und mein Job sollten Spaß machen, ohne Stress, und acht Mille netto sollten schon dabei rumkommen. Das war doch wohl nicht zu viel verlangt.

Vielleicht hätte ich mich vorher mal mit normalen Menschen unterhalten sollen. Unter diesen Voraussetzungen sollte die Jobsuche sich schwieriger gestalten, als ich dachte. In meiner Vorstellung wartete die Welt auf mich – die Wirklichkeit sah anders aus. Ohne einen klassischen Bildungsabschluss hatte ich am Arbeitsmarkt keine Chance. Ich musste das Pferd von hinten aufzäumen. Die Frage war, welche Fähigkeiten ich überhaupt anzubieten hatte ... als Callboy oder Pornostar sah ich für mich keine Zukunft. Klar, ich sah gut aus, aber für eine internationale Modelkarriere war ich schon zu alt und zu ehrlich. Heiratsschwindler schien ein Traumberuf zu sein, ich hatte nur keinen Bock zu heiraten.

Als ich ernsthaft darüber nachdachte, welche Fähigkeiten mir gegeben waren, fiel mir nur eins ein: Labern! Es war mir schon immer gelungen, selbst in ausweglosen Situationen, mit Worten eine Lösung zu finden. Egal ob ich in der Schule Mist gebaut hatte, beim Sport mal wieder zu spät war oder von einem misstrauischen Ehemann auf frischer Tat ertappt wurde – immer konnte ich mit blumigen Worten glaubhaft versichern, dass alles seine Ordnung hatte. Wie schon der Pastor, der mich zur heiligen Kommunion geführt hatte, zu meiner Mutter sagte: „Der Kleine könnte auch dem Papst ein Doppelbett aufschwatzen." Ja, das war es, das waren meine besonderen Fähigkeiten! Labern und organisieren konnte ich wie kein Zweiter.

Ich dachte daran, wie ich mal angetrunken in einer Kneipe einem wildfremden Typen ein Motorrad verkauft hatte, das mir überhaupt nicht gehörte. Der Typ suchte eine Honda 550, Vierzylinder. Er fragte mich, ob ich jemanden kannte, der eine zu verkaufen hätte. Ich bejahte, gaukelte dem armen Kerl vor, dass ich zufällig genau dieses Motorrad verkaufen würde und lobte meine angebliche Karre in den höchsten Tönen. Nachdem ich den Typen schwindelig gequatscht hatte, war er bereit, einen Höchstpreis zu bezahlen. Per Handschlag besiegelten wir den Vertrag: 5400 Mark für diesen Traumhobel. Am nächsten Tag schon sollte die Übergabe stattfinden. Die Sache hatte nur einen Haken: Ich hatte gar kein Motorrad! Immerhin kannte ich jemanden, der solch eine Maschine besaß. Ich packte 4000 Mark in bar ein und fuhr hin. Mein Bekannter wollte seine Honda eigentlich gar nicht verkaufen, aber nach zwei Stunden Aufenthalt hatte ich ihn weichgekocht. Ich laberte und spielte permanent mit dem dicken Packen Scheine, den ich auf den Küchentisch gelegt hatte. Irgendwann war er wahrscheinlich geil auf die Kohle oder wollte nur noch, dass ich aufhörte zu reden. Als ich ihm die 4000 für seinen Bock gab, sah ich, wie erleichtert er war. So einfach hatte ich noch nie 1400 Mark verdient!

Das öffnete mir die Augen. Ich brauchte einen Job, in dem ich irgendetwas mit viel Reden erreichen konnte. Warum war ich nicht früher darauf gekommen, warum hatte ich die Erkenntnis erst jetzt? Ganz klar: Ich war ein geborener Verkäufer.

Jeder andere hätte jetzt erst mal demütig im Plattenladen an der Ecke oder im Jeanscenter Fritz gefragt, ob er aushilfsweise mitarbeiten könnte, um etwas Erfahrung zu sammeln. Ich hatte andere Pläne. In der *Frankfurter Allgemeinen Zeitung* erschienen am Samstag immer seitenweise Stellenanzeigen für Führungskräfte. Führungskräfte! Mit dem Wort hatten sie mich. Warum Klein-Klein, wenn es auch groß geht? Also wurde munter die *FAZ* am Bahnhofskiosk gekauft, der redaktionelle Teil noch vor Ort entsorgt und zu Hause bei einer Tasse Bohnenkaffee eine Vorauswahl getroffen.

Vorstandsvorsitzender, Aufsichtsrat oder auch Geschäftsführer schienen selbst mir eine Nummer zu groß. Was damals oft gesucht wurde, waren Vertriebsmitarbeiter. Genau mein Ding, da sprach alles für mich. Allerdings kam in jeder Anzeige das Wort Berufserfahrung vor. Ich wischte meine Bedenken vom Tisch: Im Vorstellungsgespräch würde ich schon überzeugen, schließlich war ich ein Topverkaufstalent.

Jetzt hieß es Bewerbungsunterlagen zusammenstellen. Schon beim Lebenslauf kam ich ins Schleudern. Was sollte ich denn da bloß schreiben? Dass ich den großartigen „Rosanna"-Shuffle von Toto trommeln konnte? Dass ich in einer knallvollen Großdisco aus fünfzig Metern Entfernung sehen konnte, welche Frau paarungswillig war? Oder dass ich mit dem Lötkolben schneller war als Clint Eastwood mit einer 38er Magnum?

Nichts von alledem hatte etwas in der Bewerbung zu suchen. Wie immer war Fantasie gefragt. Ein befreundeter Unternehmer aus der Technikbranche half mir beim Frisieren meines sogenannten Lebenslaufs und stellte mir ein hervorragendes Zeugnis über frei erfundene, aber glorreiche zehn Jahre in seinem Vertrieb aus.

Für die Bewerbungsfotos und Vorstellungsgespräche brauchte ich natürlich einen Anzug, mit Hemd und Krawatte. Ein normaler Anzug von C&A hätte sicher gereicht, aber ich wollte auch hier ein Statement setzen und direkt in der ersten Liga spielen. Außerdem war der Verkäufer beim Herrenausstatter noch abgezockter als ich. Er hatte nämlich wirklich Berufserfahrung. Und so lief ich wie ein eitler Pfau in einem 1350 Mark teuren Armani-Anzug durch Münster. Die neuen Ludwig-Reiter-Schuhe, die meine Füße schmückten, hatten unfassbare 800 Mark gekostet. Das waren 700 Mark über meinem Budget, aber das Verkaufsgenie hatte mich mit einem unschlagbaren Argument überzeugt: „Das muss ja jeder selbst wissen, ob er sich die Füße kaputtmacht!"

Diesen Satz habe ich mir bis heute gemerkt, er wird bei Diskussionen um vermeintlich teures Schuhwerk immer wieder gerne von mir vorgetragen. Passt aber auch auf jedes andere Produkt. Genial!

Zu Hause stellte ich mich erst mal in Ruhe vor den Spiegel. Ich sah aus wie Prinz Philip auf Staatsbesuch in Monaco. Derart aufgetakelt ging ich dann zu Photo Möllers, um professionelle Bewerbungsfotos herstellen zu lassen. Der alte Möllers hatte eine Bombenidee. Er schlug vor, mich im schönen Münsteraner Schlossgarten zu fotografieren. Schon am nächsten Tag hielt ich die Abzüge in der Hand. Donnerwetter, ich war begeistert! Perfekte Tarnung. Keine Spur mehr von zehn

Jahren im Showbusiness und Tingeln durch Diskotheken. Das sah alles hochseriös, ja wahrlich vertrauenswürdig aus: Atze Schröder – ein Botschafter hochwertiger Produkte und Garant für Seriosität. Wer würde da widersprechen wollen?

Als ich meinen Eltern in diesem Aufzug die Aufwartung machte, schlug meine Mutter die Hände vors Gesicht. Nicht aus Begeisterung, sondern vor Lachen. Selbst meiner Oma kullerten Lachtränen über ihre rosigen Wangen. Mein Vater schüttelte gefühlte zehn Minuten einfach nur den Kopf. Da standen also die Menschen, die mich am meisten liebten, und lachten mich aus, anstatt mich zu bewundern! Ich musste kurz darauf allerdings auch mitgeiern. Und Oma hatte sofort ein plattdeutsches Zitat parat: „He hollt mer van de Rock as van 't Hemd!"

Als Reaktion auf die zehn Bewerbungen, die ich abgeschickt hatte, kamen drei Einladungen zum Vorstellungsgespräch. Ich suchte mir das verlockendste Angebot aus, den anderen beiden sagte ich ab. Hopp oder top, wer nicht wagt, der nicht gewinnt! Es war eine Firma für medizinische Geräte in Hannover. Klar, dass die mich haben wollten. Ich war ja schließlich ein beglaubigter Topverkäufer, sogar mit einem hervorragenden Zeugnis. Jetzt hieß es Nerven bewahren für einen selbstbewussten Auftritt.

Ich weiß nicht, welcher Teufel mich geritten hat, aber ich war wirklich von mir überzeugt. Mit federnden Schritten betrat ich das imposante Firmengebäude in Hannover. Eine hochattraktive Empfangsdame erwartete mich schon und begleitete mich in das Büro des Vertriebsleiters. Auch er machte einen souveränen Eindruck. Mit Gewinnerlächeln bat er mich in die Besprechungsecke seines eindrucksvollen Büros.

Nachdem er Getränke bestellt hatte, versuchte er mich gleich auf dem falschen Fuß zu erwischen.

„Im Dezember schon was vor?" Herausfordernd schaute er mir in die Augen.

Ich spielte den Coolen: „Nö, wieso?"

Ein Grinsen huschte über sein Gesicht. „Das passt gut, da fahren wir nämlich mit dem ganzen Vertrieb Ski, wenn wir unsere Umsatzziele erreichen. Und die erreichen wir immer!"

Na, das war mal eine Ansage. Es klang äußerst erfolgsverwöhnt und gleichzeitig selbstverliebt. Die nächste Viertelstunde lang monologisierte er über seine Bilanzen der letzten Jahre. Alle natürlich sehr erfolgreich. Keine Frage, der Mann war ein echtes Alphatier. Als er endlich mal Luft holte, hörte ich mich sagen:

„Und, sind Sie sehr nervös?"

Er schaute mich verdutzt an und rang kurz um Fassung. „Äh ... wie bitte?"

Ich blieb gelassen und lehnte mich leicht im Sofa zurück.

„Na ja, Sie riskieren ja eine Menge Geld, wenn Sie mich einstellen!"

Er entspannte sich und lächelte süffisant. Er hatte beschlossen, dass dieser Gedanke ihm gefiel. „Da seien Sie mal ganz beruhigt, Herr Schröder. Ich habe einen untrüglichen Instinkt und bin sicher, dass wir beide hervorragend miteinander klarkommen werden."

Donnerlüttchen! Er war tatsächlich begeistert von mir. Das gefiel mir allerdings ganz und gar nicht. Wenn er doch so clever war, warum durchschaute er einen Schaumschläger wie mich nicht? So unlogisch es klingen mag: Ich war sofort sicher, dass ich mit diesem Typen nie klarkommen würde. Zu eigensüchtig, solche Kerle hörten sich selbst zu gerne reden. Wieder zu Hause angekommen, schrieb ich ihm eine Absage.

Die kommenden Vorstellungsgespräche verliefen auf ähnlichem Niveau, aber bei einer japanischen Firma für Kommunikationselektronik heuerte ich schließlich an. Das Großartige an meinem neuen Job war, dass mein neuer Arbeitgeber mit nur zwei Vertriebsleuten in Deutschland auskam. Das Konzept war ganz einfach – wenige Kunden, große Aufträge, hohe Provisionen. Meine Kollegin bearbeitete den Süden Deutschlands, ich den Norden. Gemessen an unseren Auftragssummen waren unsere Spesen belanglos. Das hieß: nur noch Tophotels, feinste Restaurants und schnelle Dienstwagen der Oberklasse. Die Firmenzentrale war in Belgien, Dienstsprache war Englisch. Untereinander sprachen die Japaner nur japanisch, und oft musste ins Englische übersetzt werden.

Der Vorteil für mich war: In dem allgemeinen Kauderwelsch fiel gar nicht auf, dass ich eigentlich blutiger Anfänger war. Mit meinen Kunden kam ich bestens klar. Ich hatte zwar keine Ahnung, war aber immer gut gelaunt und ein großzügiger Spesenritter. Bei mir unterschrieb man gerne, weil ich die feinsten Restaurants und besten Amüsierschuppen kannte. Dazu kamen meine nach wie vor guten Kontakte in die Showbranche. Ich war ja bei allen Veranstaltern seit Jahren bekannt. Gästeliste bei Prince, Tina Turner oder Peter Gabriel? Absolut kein Problem, gern auch mal ein Pläuschchen backstage! Kein Wunder, dass ich bei der Kundschaft so beliebt war und man sich schon Wochen vorher auf meinen Besuch freute.

Die Zeit bei der japanischen Firma hat mich sehr geprägt. Ich durfte das Vertriebsgeschäft auf hohem Niveau von der Pike auf lernen. Dank meines Talents begriff ich schnell, worauf es ankam: gute Organisation, kaufmännisches Verständnis und einen Taschenrechner. Was für beide Seiten galt, denn ein gutes Geschäft wird es erst, wenn beide Seiten am Ende noch Luft zum Lachen haben. Hinzu kam, dass die Japaner auf Fortbildung setzten. In den Jahren, die ich dabei war, buchte die Geschäftsleitung unzählige Weiterbildungs- und Fachseminare.

Am wichtigsten war mir jedoch die menschliche Seite des Geschäftes. Man hat es schließlich mit Menschen zu tun! Eine meiner guten Eigenschaften ist meine Anteilnahme an meinem Gegenüber, seinen Geschichten, an seinem Schicksal. Ich höre gerne zu und frage aus echtem Interesse nach. Das fiel auf fruchtbaren Boden. Meine Geschäftspartner vertrauten mir meist schon nach kurzer Zeit. Ich habe mir das bis heute bewahrt, und viele meiner Freunde schätzen diese Seite an mir. Daher denke ich an die in jeder Beziehung lehrreichen Jahre im Vertrieb immer gerne zurück.

Die meisten Tricks und ungeschriebenen Gesetze der Branche lernte ich von meiner Kollegin Petra. Als gebürtige Hessin brachte sie eine gehörige Portion Abgezocktheit mit. Sie ließ sich von nichts und niemandem ins Bockshorn jagen. Außerdem verfügte sie mit Mitte vierzig über eine Menge Erfahrung, auch was die gehobene Gastronomie betraf.

Diese Frau war ein Phänomen. In einer männerdominierten Welt war sie der größte Macho, ohne ihre Weiblichkeit zu verleugnen. Einerseits erfüllte sie jedes Klischee, von dem Männer träumen, andererseits war sie eine knallharte Geschäftsfrau. Ihre Optik war umwerfend. Sie sah aus wie die bürgerliche Ausgabe von Madonna: platinblond, französischer Chic, gepaart mit deutscher Hemdsärmeligkeit. Sie konnte im Gourmetrestaurant lässig teuerste Weine bestellen und in einer rustikalen Eckkneipe mit mir Pils und Korn wegziehen. Alles, was ich über den Job als Verkäufer wusste, hatte ich von ihr. Ohne sie hätte ich die ersten Monate in der harten Branche nicht überstanden. Sie war Kumpel und Mentorin in einer Person. Immer einen Spruch parat, in breitestem Hessisch:

„Atze, es ist doch ganz einfach: Oben machen wir Qualität, unten wird gesemmelt!"

„Pass auf, dass der Schnapper nicht den Schnapper schnappt!"

„Junge, merk dir eins: Qualität bedeutet, dass der Kunde zurückkommt, nicht die Ware!"

Petra war für mich ein Naturereignis. In den Neunzigern kam es noch nicht oft vor, dass eine Geschäftsfrau sich Freiheiten herausnahm, die eigentlich nur Männer auslebten: Führungsanspruch mit entsprechend guter Bezahlung sowie gnadenloses Durchsetzen der eigenen beruflichen Ziele. Sie ging keinem Konflikt aus dem Weg und zog im Hintergrund geschickt die Strippen. Man kam ihr besser nicht in die Quere. Auch privat ließ sie nichts anbrennen: Sie nahm sich die Kerle, wie sie Lust hatte. Oft genug bin ich Zeuge geworden, wenn Madame die Beute ihrer Wahl zur Strecke brachte.

So saßen wir mal nach einem langen Messetag an der Hotelbar des Hessischen Hofs in Frankfurt und erklärten uns gegenseitig die Welt. Das machten wir oft, weil wir mittlerweile ein freundschaftliches Verhältnis hatten – soweit man das mit ihr haben konnte. Während des Plauderns betrat ein attraktiver Mittdreißiger die Bar und setzte sich schräg gegenüber an den Tresen. Als Petras Radar ihn erfasste, freute ich mich schon auf das wunderbare Schauspiel, das sich mir in der nächsten halben Stunde bieten würde. Und richtig: Keine zwanzig Minuten später stand der Typ neben ihr und dachte, dass *er* die Idee gehabt hätte, sie anzubaggern.

In Wahrheit hatte Spiderwoman ihr Netz gesponnen, und Puck, die Stubenfliege, war nur allzu gern hineingeschwirrt. Dort ließ sie ihn noch ein wenig zappeln. Am Ende durfte er unsere stattliche Rechnung übernehmen, wurde am Schlafittchen gepackt, in ihr Zimmer geschleppt, nach allen Regeln der Kunst in der gestärkten Bettwäsche gesalbt und fachmännisch unter die Matratze geschreddert.

Am nächsten Morgen traf ich sie gut gelaunt beim Frühstück.

„Petra, gab es Überlebende, oder hängt er noch halb verdaut im Kleiderschrank?"

Sie nahm einen tiefen Zug an ihrer Marlboro Menthol und sagte lässig: „Der kleine Robin kann jetzt von seiner Mutti im Kinderparadies abgeholt werden." Wir lachten Tränen und gingen zur Tagesordnung über. Auf Einzelschicksale konnte Petra nun wirklich keine Rücksicht nehmen.

Aber nicht nur Petra, auch unsere japanischen Geschäftsführer in Brüssel hatten eigene Pläne. Leider waren wir darin nicht vorgesehen. Der deutsche Vertrieb wurde aufgelöst, man hatte nun ja ein Händlernetz. Petra verabschiedete sich mit den Worten: „Ich wünsch dir viel Glück, Atze. Die Branche ändert sich grad heftig, da könnten jetzt harte Zeiten kommen!"

Ich hielt das für eine ihrer üblichen Übertreibungen. Außerdem machte ich mir keine Sorgen, weil mir einige meiner Großkunden zu verstehen gegeben hatten, dass ich jederzeit bei ihnen anheuern könne. Was hatte ich nicht alles gehört:

„Schröder, Sie gefallen mir. Für Leute wie Sie steht meine Tür sperrangelweit offen."

„Atze, komm zu uns, Gehalt kannst du selbst bestimmen!"

„Hier liegt immer ein Blankovertrag für dich. Du musst nur noch unterschreiben!"

Ich war blauäugig genug, ihren Versprechungen zu glauben. Als es so weit war, musste ich allerdings feststellen, dass auch in dieser Branche viel gelabert wird und die Devise „Ein Mann, ein Wort" nicht galt. Egal bei welchem der sogenannten Partner ich anrief – überall wurde gerade umstrukturiert, eingespart oder, leider, rationalisiert. Außerdem hatte man im Moment wenig Zeit ... „aber gerne nächstes Jahr noch mal melden!"

Als ich mir ein paar Wochen die Wunden geleckt hatte und die Enttäuschung nicht mehr so tief saß, musste ich über meine Naivität schon wieder schmunzeln. Gott sei Dank hatten die Japaner eine ganz nette Abfindung gezahlt, so war ich wenigstens eine Zeit lang finanziell unabhängig. Schon nach wenigen Tagen gezielten Überlegens hatte ich einen Plan. Mit Bühnentechnik oder genauer gesagt Tontechnik kannte ich mich bestens aus. Meine Verbindungen und Freundschaften in dieser Branche hatte ich auch weiter gepflegt. Mein Plan war, mit einer eigenen Firma hochwertige Produkte im Bereich professioneller Technik für die Showbranche sowie Theater oder Firmen zu vertreiben.

Geschäftlich hatte ich einen Plan, privat hatte der liebe Gott einen.

Schon seit mehreren Jahren hatte ich eine gute Freundin, mit der ich mich hin und wieder traf. Wir telefonierten oft, und wenn ich mal ein paar Tage frei hatte, gingen wir was trinken oder zusammen essen. Eine engere Bindung kam für uns beide nicht infrage, wir waren einfach nur gute Kumpel. Deshalb wusste sie natürlich auch, dass ich in all den Jahren weiß Gott kein Heiliger gewesen war. Im Gegenteil, eher ein Scheinheiliger. Wir lachten gerne gemeinsam über das eine oder andere Abenteuer und schüttelten den Kopf über die Naivität mancher Frauen, die Dreistigkeit mancher Männer. Damit war natürlich oft ich gemeint. Ich kann heute auch nur den Kopf schütteln, was in den Siebzigern und Achtzigern alles selbstverständlich war, ja sogar als selbstverständlich hingenommen wurde.

Eigentlich wollte sie auf keinen Fall so einen Mann wie mich. Das hatte sie immer betont. Dass wir letztendlich doch zusammenkamen, hatte sicher auch mit meinen neuen Lebensplänen zu tun. Eine Aktion konnte Madame sich allerdings nicht verkneifen: Damit ich nicht wieder in Versuchung kam, war eines Morgens mein berüchtigtes Notizbuch verschwunden, das alle Namen und Telefonnummern meiner zahlreichen Liebschaften enthielt. Meine Bandkollegen hatten dieses zentrale Verzeichnis meines Wirkens immer nur ehrfurchtsvoll „das Bestäubungsregister" genannt. Auf meine vorsichtige Frage hin, wo mein wichtiges Notizbuch denn sei, antwortete meine neue Lebensgefährtin lapidar: „Das brauchst du jetzt nicht mehr!"

Okay, ich hatte verstanden.

Von da an waren wir fest zusammen. Meine Perle war und ist bis heute ein besonderer Mensch: Nie wollte sie in die Öffentlichkeit. Als ich später berühmt wurde, waren ihre Liebe und Fürsorge das Fundament, auf dem ich meine Karriere aufbauen konnte. Der Respekt vor ihrer moralischen Integrität und Loyalität gebietet es bis heute, dass ich ihrem Bedürfnis nach Privatsphäre unbedingt nachkomme. Deshalb werde ich hier sicher ab und zu von ihr sprechen, aber nur in einem Ausmaß, das ihrem Wunsch nach Anonymität entspricht.

Privat zogen wir in ein kleines Häuschen bei Münster, geschäftlich mietete ich zwei Büroräume im Firmengebäude meines alten Freundes Karl. Ein Glücksfall! Wenn Karl nicht gewesen wäre, hätte ich meine Firma wahrscheinlich schon bald wieder dichtmachen können. Mit seiner langjährigen Erfahrung in geschäftlichen Dingen verhinderte er immer wieder, dass ich grobe Fehler machte oder ins offene Messer lief.

Mein Unternehmen entwickelte sich prächtig. Ich war so richtig im bürgerlichen Leben angekommen. Haus, Beziehung, Geschäfte. Und vor allem war ich nicht mehr dauernd unterwegs. Das hieß: regelmäßige Treffen mit anderen Pärchen, geregelter Urlaub, Doppelgarage. Ein glückliches Leben im Spießermodus. Mir ging es wie der Raupe Nimmersatt: Ich fraß mich durch die Annehmlichkeiten dieses Daseins und ließ das unstete Leben und die Exzesse weit hinter mir. Das konnte nicht lange gut gehen.

Nach drei Jahren Bürgerlichkeit mit Stellplatz und Rundumbetreuung in der Komfortzone juckte mir wieder gehörig das Fell. Meine Perle merkte es als Erste und sprach aus, was mir selbst auch schon aufgefallen war: „Irgendwas stimmt hier nicht, du machst keinen glücklichen Eindruck."

Recht hatte sie! Ich mochte den Erfolg und auch die Stabilität, aber mir fehlte eine wichtige Komponente: auf Achse sein. Ich bin ein Rumtreiber, ich muss in die Welt. Andere Städte, neue Leute sehen. Routine mag für viele ein gutes Konzept sein, mich langweilt sie. Nach drei Jahren in derselben Stadt, im selben Büro und mit täglich denselben Gesichtern machte sich eine unbestimmte Sehnsucht in mir breit. War das schon alles? Sollte es in den nächsten fünfunddreißig Jahren bis zur Rente so weitergehen? Oder wartete da draußen vielleicht das ganz große Ding auf mich? Schwierig, schwierig.

Wie sang Rio Reiser? „Lass uns das Ding drehn, lass uns über Los gehn!"

Ich hatte das Gefühl, noch nicht über Los gegangen zu sein. Die Geschäfte gingen gut, das Einkommen war anständig, danke der Nachfrage! Weit und breit jedoch keine Spur von Rock 'n' Roll und Abenteuer. Zu viel davon hatte mich – Gott sei Dank – da hingebracht, wo ich war, aber zu wenig davon schien mich auch wieder wegzuziehen.

Bald sollte ich mehr Abenteuer erleben, als mir lieb war. Dank Karls Kontakten durfte meine Firma an einer Ausschreibung für die Bühnentechnik in der neuen Parteizentrale der SPD in Berlin teilnehmen. Tontechnik, Lichttechnik, Videotechnik, das ganze Programm. Ein Riesenauftrag in Millionenhöhe, ein ganz dickes Ding! Ich drehte durch vor Begeisterung. Meine kleine Klitsche im Wettbewerb mit Siemens, Philips und anderen Konzernen – das war der Adrenalinschub, den ich so dringend brauchte. Das gefiel meiner Eitelkeit, genau da wollte ich mich sehen, auf dem Parkett wollte ich mich inszenieren. Smart und pfiffig wollte ich den Großen die Beute wegbeißen. David gegen Goliath, wir wussten ja, wer gewonnen hat.

Nach langem Hin und Her bekam ich tatsächlich den Auftrag. So weit, so gut. Nur gingen damit meine Probleme los. Nachdem ich mich mit einer großen Party gebührend abgefeiert hatte, bog die Realität fürchterlich realistisch um die Ecke und verbreitete schlechte Laune.

Verkaufen war das eine, ein Projekt in dieser Größe umzusetzen, war das andere. Bauingenieure, Genehmigungen und Architekturbüros waren jetzt mein Alltag. Ich stellte sofort einen Ingenieur ein, der das komplette Bauvorhaben realisieren sollte. Um es kurz zu machen: Der Typ war eine Graupe, es gab jedoch keinen Weg zurück. Mein Retter in der Not war ein gewisser Manfred Krug. Aber nicht der Schauspieler, sondern ein äußerst erfahrener Architekt aus dem Ruhrgebiet. Er war der Vertreter des Bauherrn, der SPD, und somit ging alles, was wichtig und relevant war, über seinen Tisch. Dieser Mann war absoluter Vollprofi, ihm entging nichts auf der Baustelle. Die SPD konnte froh sein, dass sie ihn hatte. Ich weiß nicht warum, aber Manfred mochte mich. Eines Tages zog er mich in sein Büro auf der Baustelle und sagte:

„Junge, ich sehe, wie du hier am Schwimmen bist, und ich sage dir: Denk bloß nicht, du wärst was Besonderes. Sie schwimmen alle! Sie kommen alle mit großer Klappe. Siehst du den Spalt unter der Tür? Da unten durch sind die meisten wieder raus aus meinem Büro. Jetzt gehen wir heute Abend erst mal einen trinken, und ab morgen sehen wir, wie wir das Dingen gemeinsam schaukeln können."

Die Monate bis zur Einweihung im Mai 1996 bewahrte Manfred Krug mich vor den größten Fehlern. Es war aber trotzdem der blanke Horror. Mittlerweile wohnte ich die meiste Zeit im Hotel Interconti in Berlin, um wenigstens einigermaßen Herr der Lage zu bleiben. Schlaflose Nächte waren an der Tagesordnung. Das Ganze zerrte mittlerweile derart an meinen Nerven, dass ich privat nicht mehr sprach. Ich war zu einem seelenlosen Roboter mutiert, der stumpf seine Aufgaben abarbeitete. Ich wollte nur noch überleben. Sollte „das Dingen" den Bach runtergehen, war ich restlos pleite. Es ging um meine Existenz, in jeder Beziehung.

So schnell kann das Blatt sich wenden: Erst glaubt man, man könnte die Monsterwelle reiten, und am Ende möchte man nur nicht ertrinken.

Die feierliche Einweihung des Willy-Brandt-Hauses durch den damaligen Parteivorsitzenden Oskar Lafontaine war am 10. Mai 1996. Am Abend vor dem Festakt lag ich mal wieder wach im Hotelbett. Schweißgebadet fasste ich einen Entschluss: Sollte wirklich alles glatt über die Bühne gehen, würde ich meine Firma verkaufen und mindestens ein Sabbatjahr einlegen.

Am nächsten Tag fingen die Pressetermine schon morgens an. Ab da gab es diverse Veranstaltungen im Haus, bei denen selbstverständlich durchweg die internationale Journaille vertreten war. Zudem waren berühmte Politiker und Politikerinnen aus aller Welt angereist. Ich erlebte das alles wie in Trance. Am Ende hatte die Technik im Willy-Brandt-Haus tadellos funktioniert, und ich hätte endlich aufatmen können, aber ich war „out of tears", fertig mit der Welt. Ich fühlte mich wie Burnout und Bianca zugleich. Eine große Leere machte sich in mir breit, das totale Nichts. In der Nacht betrank ich mich hemmungslos.

Ich würde jetzt gerne schreiben, dass ich am nächsten Tag gut gelaunt morgens am Savignyplatz frühstückte und ein frisches Croissant in den Milchkaffee tunkte. Stattdessen erwachte ich ziemlich lädiert in einem mir fremden Hotel, mit dem Gesicht am Heizkörper. In voller Montur, inklusive Winterjacke und Schuhen. Riesige Erinnerungslücken und ein Riesenschädel waren die Ausbeute der nächtlichen Ereignisse. Doch das war mir egal. Es war ja nicht mehr zu ändern. Ich weiß bis heute nicht, was in dieser Nacht passiert ist, aber sie war definitiv der Wendepunkt in meinem Leben. Atze der Musiker, Atze der Vertreter und Atze der Geschäftsmann sollten in meinem Leben ab jetzt keine große Rolle mehr spielen.

Zum 1. September 1996 verkaufte ich meine Firma und hatte keine Ahnung, wie es weitergehen sollte. Das fühlte sich echt gut an. In den erfolgreichen Jahren hatte ich etwas Vermögen aufgebaut, sodass ich mir finanziell erst einmal keine Sorgen machen musste. Ich wollte herausfinden, was die Welt mir sonst noch zu bieten hatte. Obwohl ich kein bestimmtes Ziel hatte, war ich mir absolut sicher: Was auch immer ich als Nächstes tun würde, es würde bestimmt großartig werden. Nennt mich blauäugig, aber genau so war es!

THE PROLL

Zu Beginn meiner geschäftlichen Karriere hatte ich, als kleinen Ausgleich zum stressigen Job, mit zwei früheren Musikerkollegen eine eher untypische Band gegründet: The Proll. Außer mir bestand The Proll noch aus Amaretto, einem unglaublichen Bassisten, der den Funk mit Löffeln gefressen hatte, und Jonas, einem Alleskönner an der Gitarre. Wir spielten Hits nur mit Gitarre, Bass und Schlagzeug. Die Idee der Band war, zu unserem eigenen Vergnügen auf Partys zu spielen und statt einer Gage lediglich einen Unkostenbeitrag zu kassieren. Ein Riesenspaß! Sowohl für uns als auch für unser Publikum. Uns machte vor allem der Minimalismus Spaß, und die Dreistigkeit, so opulente Werke wie „Bohemian Rhapsody" von Queen oder „Africa" von Toto auf ihr nacktes Gerippe einzudampfen. Ein ebenso größenwahnsinniger wie genialer Schachzug. Ursprünglich hatte ich sogar nur noch Refrains und überhaupt keine Strophen mehr spielen wollen, aber da waren die Kollegen dagegen. Typisch talentierte Musiker!

Wir spielten mit unserer Freizeitkapelle also landauf, landab auf verschiedensten Partys. Für mich war das ein reines Spaßprojekt, um Dampf abzulassen. So wie andere zu ihrem Kegelclub gehen, trafen wir uns, um ein wenig abzurocken. Ein zauberhafter Zeitvertreib! Es ging um nichts und hätte von mir aus ewig so weitergehen können. Leider kam mal wieder die

Kohle dazwischen. Mein Busenfreund Uli, gewiefter Künstlermanager und Agenturinhaber, witterte aufgrund unseres schrägen Konzepts den schnellen Fünfziger.

„Jungs, spielt doch einfach fünf Hits mehr, dann kann ich euch schön in die Discos verbimmeln!"

Gesagt, getan. Ohne Mehraufwand ein paar Tausender mehr in der Bandkasse konnten ja nicht schaden. Natürlich nahm alles wieder groteske Züge an. Ich erinnere mich an einen gewissen Auftritt im Glaspalast in Dinslaken, wo wir zusätzlich zu unserem Programm noch einen Titel von The Cure spielen sollten. Selbstverständlich hatten wir den Song nicht geprobt, Amaretto hatte aber Gott sei Dank seinen CD-Player mitgebracht. Was für ein verdammtes Genie! Abgebrüht, wie wir nun mal waren, ließen wir das Original laufen und spielten verhalten dazu mit. Es sah wohl ganz gut aus, obwohl ich die Nummer vorher noch nie gehört hatte. Dem Publikum war es recht, wir wurden frenetisch abgefeiert. Als der Chef des Ladens bei der Abrechnung dann noch betonte, was wir doch für eine professionelle Truppe seien, starb das letzte bisschen musikalischer Anstand in mir. Wir lachten uns schlapp und wurden von Woche zu Woche frecher. Uns war alles scheißegal, wir wollten einfach nur Spaß. Irgendwann kam dann ein folgenschwerer Anruf von Uli: „Sag mal, Atze, ihr könnt doch alles spielen – und labern könnt ihr doch auch! Die *Schmidt Mitternachtsshow* in Hamburg sucht für nächstes Wochenende einen Act, der auch die Moderation übernimmt."

Wir sagten spontan zu, denn auf Hamburg hatten wir natürlich Bock. Reeperbahn, Fischmarkt, Milljöh! Das Schmidt Theater war 1993 schon Kult. Regelmäßig lief die *Mitternachtsshow* im NDR, und skurrile Figuren wie Frau Jaschke, Lilo Wanders und Corny Littmann als Moderator wurden bundesweit berühmt. Die Comedy-Welle nahm gerade Fahrt auf. Wir drei ignoranten Musiker hatten davon nichts mitbekommen, waren aber begeistert über die Abwechslung.

Wir standen also freitagabends im Schmidt Theater, ohne den Hauch einer Ahnung, was wir hier eigentlich machen sollten. Amaretto hatte sich in der Woche schon mal ein wenig mit Comedy auseinandergesetzt. Wir stellten ein absurdes Programm zusammen und überlegten uns lustige Moderationen. Jonas sollte gar nicht sprechen und für das Publikum zum Sündenbock aufgebaut werden. Zudem hatte Amaretto in seinem Bühnenkoffer noch ein paar lustige Klamotten. Ich zog mir ein Netzhemd sowie Leggings an und setzte eine Omabrille auf, Jonas schnitt sich ein Riesenloch in die Rückseite seiner Anzughose. Amaretto spielte mit freiem Oberkörper. Er war allerdings so behaart, dass man dachte, er würde im Winterpullover spielen.

Als wir die Bühne nur betraten, bog sich das Publikum schon vor Lachen. Wir sahen total bescheuert aus, redeten dummes Zeug und spielten aberwitzige Songs, die jeder kannte. Eine obskure Gurkentruppe, genau das Richtige für die feierwilligen Touristen, die ordentlich ablachen wollten. Der erste Abend war ein Riesenerfolg, sodass Corny Littmann uns fragte, ob wir nicht Lust hätten, gleich die nächsten vier Wochen zu bleiben. Die Kollegen sagten begeistert zu – ich hatte noch Vorbehalte. Schließlich hatte ich ja noch meine Firma und einen bürgerlichen Vollzeitjob. Letztlich willigte ich ein, unter der Bedingung, dass die ganze Zirkusnummer nur am Wochenende stattfand. Und so kam es dann auch. Es war natürlich ein superstressiger Monat, aber es machte ohne Ende Spaß.

Ohne dass wir es geplant hatten, waren wir plötzlich ein Comedy-Act. Nicht die schlechteste Sache, denn Comedy boomte wie verrückt. In den Wochen, als wir in Hamburg spielten, kamen alle möglichen Fernsehredakteure und -produzenten vorbei, um unsere schräge Truppe zu sehen. In den nächsten drei Jahren machten wir uns auf Festivals, in Clubs und Fernsehshows einen Namen.

Im Frühjahr 1994 spielten wir in Koblenz in der Blauen Biwel. Dieser Club war damals einer der heißesten Comedy-Tempel in Deutschland. Er galt als Sprungbrett zum Erfolg, da die Fernsehmacher aus Köln mal schnell für einen Abend rüberkamen, um sich die neuesten, vielversprechendsten Künstler anzuschauen.

Thomas Gottschalk hatte gerade eine Late-Night-Show auf RTL, und in der Sommerpause übernahm der Radiomoderator Thomas Koschwitz die Vertretung mit der *RTL Nachtshow*. Hierfür wurde eine originelle Studioband gesucht, die etwas anders sein sollte als das, was man bisher aus Unterhaltungsshows kannte. Die Produzenten der Show waren mittlerweile große Fans unserer Combo und wollten unbedingt, dass wir den Job machten. Auch mit Koschi, dem Moderator, kamen wir bombig klar, was sprach also dagegen? Nun, es gab tatsächlich nur einen Haken: Ich hatte keine Zeit. Und ich war einfach noch nicht bereit, mein bürgerliches Leben erneut für das Showgeschäft aufzugeben.

Für Amaretto und Jonas tat es mir natürlich wahnsinnig leid, aber ich konnte einfach nicht zusagen. Meine Entscheidung blieb nicht folgenlos – es gab einen tiefen Knacks in der Truppe. Dieser Riss, der durch meine Schuld entstanden war, ließ sich nie wieder ganz kitten. Ich war der Verräter an der Sache, der Bremsklotz der Lokomotive von The Proll. Das konnten meine Kollegen nicht ignorieren und nahmen es mir zu Recht übel. Von Juni 1994 bis zum späteren Auseinanderbrechen der

Band war ich dementsprechend nur noch mit halbem Herzen dabei. Ich kam meistens fünf Minuten vor Showbeginn und verschwand als Erster wieder. Die anderen beiden machten die ganze Arbeit und waren logischerweise nicht gerade begeistert über meine deutlich erkennbare Passivität. Im Nachhinein muss ich gestehen: Ich war damals einfach nicht bereit zu springen. Meine Firma lief gut, ich brauchte kein Geld – und berühmt zu werden, war nicht mein Ziel, jedenfalls nicht zu der Zeit. Ich bin mir völlig im Klaren darüber, dass mein Verhalten für Jonas und Amaretto eine einzige Enttäuschung war. Wir waren auf unterschiedlichen Planeten unterwegs. Und so kam es, wie es kommen musste: Im Februar 1996 lösten wir uns auf.

Ein letzter Auftritt wurde vereinbart, und zwar anlässlich des ersten Geburtstags des WDR-Jugendsenders 1 Live. Gefeiert wurde im altehrwürdigen Schauspielhaus Bochum am 1. April 1996. Eine tolle Veranstaltung, wir kannten ja eh fast alle Mitarbeiter des Senders! Der großartige Michael Gantenberg moderierte, in der Theaterkantine war der Teufel los. Bei 1 Live gab es eine äußerst beliebte Serie im Programm: den *1 Live Ponyhof*. Die Serie hatte drei Hauptfiguren: Imke, Anneke und Vanessa. Alle Sprecherinnen waren zur Party gekommen, und Jonas verliebte sich an dem Abend unsterblich in Anna, die die Imke sprach. Die beiden sind mittlerweile glücklich verheiratet und haben zwei Kinder. Somit ging die Geschichte von The Proll liebevoll zu Ende.

Bis heute habe ich zu Amaretto und Jonas ab und zu noch Kontakt. Der Sender 1 Live zeigt meiner Meinung nach übrigens immer noch eindrucksvoll, dass man mit Inhalt, guter Musik und Haltung ein erfolgreiches Programm machen kann.

Die Auflösung von The Proll fiel in die Sturmphase meines verdammten SPD-Projektes in Berlin. Ein weiterer Grund, warum ich keine Zeit und Energie für Abenteuer mit ungewissem Ausgang hatte. Das änderte sich erst, als ich, wie schon erwähnt, im Sommer desselben Jahres meine Firma verkaufte. Von da an sollte sich so gut wie alles in meinem Leben ändern, aber das ahnte ich zu der Zeit natürlich noch nicht.

ENDLICH KOMIKER

Es wurde ein perfekter Sommer. Ich verbrachte viel Zeit mit meiner Perle, besuchte alte Freunde und erledigte alles, was in den Stressjahren zu kurz gekommen war. Ich blühte innerlich wieder auf, kam zur Ruhe, las viele Bücher und ließ mich treiben. Das Leben machte endlich wieder Spaß. Ich gewöhnte mich daran, keine Verpflichtungen und keine Pläne zu haben. Es war, als ob eine Riesenlast von meinen trainierten Schultern gefallen wäre. So hätte es ewig weitergehen können, wenn nicht Arndt, unser alter The-Proll-Booker aus der Management-Agentur LBH, angerufen hätte:

„Sag mal, Atze, wir haben hier noch alte Proll-Verträge liegen. Die kann ich alle relativ locker absagen, bis auf einen: den Auftritt bei der Kieler Woche. Bevor du Nein sagst – da sind höchstens 300 besoffene Segler, du brauchst auch nur eine knappe Stunde Programm zu machen! Da haust du einfach locker ein paar Sprüche raus, und fertig ist die Lauge. Das machst du doch mit links!"

Für mich klang das tatsächlich ganz lustig: Kiel, Segler, alte Freunde treffen und ein paar Dönekes raushauen. Spontan sagte ich zu, obwohl ich nicht die geringste Ahnung hatte, was ich erzählen sollte. Zwei Tage vor dem Auftritt rief ich Michael an, einen meiner ältesten Freunde. Ihn kenne ich schon aus der Sandkiste. Ein Multi-Instrumentalist und obendrein auch noch ein total feiner Kerl. Er sollte mich auf der Bühne musikalisch unterstützen, damit ich wenigstens ein paar bekloppte Lieder singen konnte. Ohne zu wissen, worum es ging, sagte auch er zu. Am Abend vor der Reise nach Kiel rief Micha mich dann aber doch etwas verunsichert an.

„Äh ... Atze, welches Instrument?"

Ich antwortete: „Was haste denn da?"

Micha: „Ja, äh ... wie immer, alles! Cello, Gitarre, noch 'ne Gitarre und 'ne alte Farfisa-Orgel."

Ich war begeistert. „Micha, die Orgel muss mit! Ich will was singen, da kann ich Zeit beim Labern sparen."

Später am Abend rief er noch einmal an: „Atze, sorry, dass ich störe, aber sollen wir nicht wenigstens mal kurz proben?"

Wir mussten beide lachen, denn daran hatten wir noch gar nicht gedacht.

„Micha, lass mal, man kann sich auch überproben! Alles, was du wissen musst, sag ich dir auf dem Weg nach Kiel und spätestens auf der Bühne."

Samstagmittags machten wir uns mit meinem BMW auf in Richtung Kiel. Micha saß kopfschüttelnd auf dem Rücksitz und neben mir Töne am Steuer. Ehrensache, denn Töne war der beste Fahrer Deutschlands. Außerdem hatte er uns schon bei The Proll immer tontechnisch betreut und organisatorische Aufgaben erledigt. Er war bedeutend jünger als wir. Mit seinen fünfundzwanzig Jahren und roten Haaren – daher der Name „Töne". Bis zum Arsch war er ein Heißsporn, ein Energiebündel, aber auch ein extrem verlässlicher Mann für alle Fälle. Der richtige Typ für so ein Himmelfahrtskommando. Wie gesagt, eigentlich wusste keiner von uns so recht, was uns erwartete.

Aber es sollte noch bunter kommen, als wir dachten. Der Auftritt war für 20.30 Uhr geplant. Als wir zu dritt munter im

Backstage-Bereich der NDR-Bühne aufschlugen, war die Verwunderung groß. Laut The-Proll-Bühnenanweisung, die der Einfachheit halber rausgeschickt worden war, sollten auf der Hauptbühne vier imposante Marshall-Türme und ein nagelneues Yamaha-Schlagzeug stehen. Der Veranstalter vom NDR machte große Augen, als ich lediglich mit Micha und der Orgel kam, da er The Proll in der Vergangenheit schon oft verpflichtet hatte.

„Grüß dich, Atze, wo sind denn Amaretto und Jonas?"

Ich gab ihm grinsend die Hand und tönte: „Nur die Ruhe, Peer! Die beiden sind nicht mehr dabei, neues Konzept." Dabei zwinkerte ich verschwörerisch und haute ihm jovial auf die Schulter.

Er war nicht so richtig begeistert, aber was sollte er machen?

Um Punkt 20.30 Uhr kündigte uns der Moderator vor einer unglaublichen Menge von etwa 8000 Kieler Sprotten an. Wir waren geschockt und geflasht zugleich, von wegen „300 besoffene Segler"! Gott sei Dank war es ein lauer Sommerabend, wie aus dem Bilderbuch. Die Zuschauer waren extrem gut gelaunt. Ich atmete tief durch, dachte noch kurz: Wenn das mal gut geht!, und schon standen wir zwei auf der Bühne.

Links und rechts große Videowände. Ich brauchte all meine Kraft, um die Contenance zu wahren. In den ersten zwanzig Minuten haute ich meine besten Sprüche aus dem regulären The-Proll-Programm raus. Ich brachte sie alle: wie ich angeblich für Cliff Duschgel vom Felsen gesprungen war. Dass ich damals sowohl in Villarriba als auch in Villabajo ordentlich mitgeschrubbt hatte – den ganzen Blödsinn halt. Micha an der Orgel stellte ich als meinen leicht zurückgebliebenen Cousin Jürgen vor und zog ihn, zur Freude des Publikums, immer wieder durch den Kakao. Der arme Kerl musste selbst am meisten lachen! Das Publikum aber auch. Die Meute tobte und ließ uns buchstäblich jeden Blödsinn durchgehen. Dann erzählte ich noch sämtliche Flachwitze meines Vaters aus den alten Tanzmuckerzeiten. Auch das funktionierte blendend. Die Leute standen kopf. Den ganzen Irrsinn würzten wir mit ein paar alten Schlagern, und endlich war die Stunde rum.

Pünktlich nach sechzig Minuten kamen wir schweißgebadet, aber happy und erleichtert von der Bühne. Wir konnten es selber nicht glauben, aber auch backstage waren alle restlos begeistert. Der Funkhauschef vom NDR kam auf mich zugelaufen und schloss mich wiehernd vor Lachen in seine Arme: „Atze, Mensch, super! Wir machen im Herbst eine Comedy-Tournee vom NDR. Achtzehn norddeutsche Städte, vier Acts, Götz Alsmann moderiert. Wir haben zwar schon alle Acts zusammen, aber wenn du zusagst, schmeißen wir einen raus! Du bist einfach genial."

Aha! Ich nickte vorsichtshalber siegessicher und murmelte etwas wie: „Ja, nee, is' klar, genial!"

Aber es blieb dabei, vor und hinter der Bühne waren sich alle einig. Zu unserer großen Verwunderung war der Abend ein Riesenerfolg. Bitte, dachte ich, wenn ihr meint! Nur Micha nahm mich in der Garderobe kurz zur Seite und sagte, zwar mit breitem Grinsen, aber ernsthaft: „So einen Scheiß machen wir nicht noch mal, Atze!"

Töne schüttelte nur den Kopf. Er wusste ja, wie viel Glück wir gehabt hatten und dass alles genau genommen gerade noch mal gut gegangen war.

Als ich montags endlich wieder zu Hause war, versuchte ich, die Geschehnisse nüchtern einzuordnen. Töne und Micha hatten natürlich recht: Wir konnten froh sein, mit dem Mist durchgekommen zu sein. Was für eine unglaubliche Dreistigkeit dieser Auftritt gewesen war! Ich hatte einfach Schwein gehabt und wollte mein Glück nicht noch einmal so unverschämt herausfordern. Zudem glaubte ich nicht im Entferntesten daran, dass diese NDR-Comedy-Tour stattfinden würde.

Am darauffolgenden Mittwoch, ich mähte gerade den Rasen, rief mich meine Perle ins Haus und sagte: „Da ist ein Typ vom NDR am Telefon. Ich habe keine Ahnung, was der will und wovon der quasselt."

Himmel hilf, der NDR machte seine Drohung wahr! Tatsächlich wurde ich jetzt offiziell gefragt, ob ich Zeit und Lust hätte, für drei Wochen mit auf Tour zu gehen. Achtzehn norddeutsche Städte, Moderation Götz Alsmann, Künstler: Käthe Lachmann, Der blonde Emil, die Lonely husBand und eben ich, Atze Schröder. Ich überlegte nicht lange.

Zeit hatte ich, und meine Perle fand es auch gar nicht so schlecht, dass ich mal wieder loszog. Außerdem wurde das Ganze auch noch gut bezahlt. Ende September sollte es losgehen, das hieß, ich hatte ganze zwei Monate Zeit, um mir ein paar gute Geschichten auszudenken. Micha würde ich auf jeden Fall auch mitnehmen, was konnte dann noch schiefgehen! Wenn wir eine Stunde in Kiel hingekriegt hatten, was sollte uns dann in zwanzig Minuten passieren? Nein, in meinen Augen gab es kein Risiko, ich sah das Ganze als eine Art gut bezahlte Klassenfahrt mit lustigem Unterhaltungsprogramm.

Am 29. September ging es los. Auf zwei VW-Busse verteilt tourte unsere bunt gemischte Comedy-Tüte durch Norddeutschland. Der erste Auftritt war in Hannover im altehrwürdigen Capitol. An Einzelheiten der Auftritte kann ich mich nicht mehr richtig erinnern, aber die Stimmung in der Truppe war sensationell. Jeden Abend saßen wir an irgendeiner Bar, hauten uns die Rübe voll und erzählten uns lustige Geschichten.

Mit Arbeit, so wie ich sie kannte, hatte das absolut nichts zu tun, es war eine einzige Party mit gelegentlichen Auftritten. Ich war total begeistert. Genau so hatte ich mir mein Leben vorgestellt: durch die Gegend fahren, dumme Sprüche raushauen, mit netten Leuten abhängen und am Ende auch noch Geld dafür kriegen. Traumhaft! Und ich Idiot hatte mir die letzten Jahre den Arsch aufgerissen, teilweise sogar 80-Stunden-Wochen geschoben! Ganz klar: Der liebe Gott hatte mich doch noch lieb und stieß mich wohlwollend mit der Nase auf meinen Traumjob: Komiker.

Herrlich, das hatte ich mir bis zu diesem Zeitpunkt gar nicht vorstellen können. Klar kannte ich damals auch schon viele gute Komiker wie Otto, Olli Dittrich, Rüdiger Hoffmann, Till & Obel, Gaby Köster – aber ich doch nicht! Klar, dumme Sprüche hatte ich immer schon draufgehabt. Und mein Vater war der lustigste Mensch, den ich kannte. Aber ich als Berufskomiker? War das drin, war ich wirklich gut genug? Es brauchte ein paar Tage, bis ich mich dazu durchrang, mich als passablen Komiker zu akzeptieren. Die Reaktionen meiner Umgebung waren gemischt. Meine Perle zuckte mit den Achseln. Micha meinte: „Warum nicht?", und meine Mutter weinte natürlich, als sie davon erfuhr.

„Ach, Junge, das ist doch kein Leben. Was sollen denn die Nachbarn denken? Das ist doch kein Beruf!"

Mein Vater war auch dagegen. Er hielt mich selbstverständlich für gnadenlos untalentiert. Selbst Jahre später, als ich schon den Deutschen Comedypreis moderiert sowie mehrfach gewonnen hatte, konnte er es nicht lassen, mich ständig zu kritisieren. In seinen Augen blieb ich ein Pfuscher. Bestenfalls ein guter Blender. Was soll's, dachte ich mir damals, wichtig ist doch nur, dass ich an mich selbst glaube! Und das tat ich.

Gesagt, getan, entschieden. Von da an war ich also Berufskomiker. Erst einmal brauchte ich ein Programm, aber noch wichtiger war: Ich musste bekannt werden! Mangels anderer Erfahrungen sah ich das Unternehmen Atze Schröder durch die Brille des gelernten Vertrieblers. Und der sah wenig Sinn darin, sich durch eine der zahllosen Mixed-Shows zu quälen oder ein Soloprogramm vor dreißig müden Zuschauern in der Provinz zu spielen. Mir war klar, ich musste es irgendwie ins Fernsehen schaffen. Am besten in das Flaggschiff der deutschen Comedy, die *RTL Samstag Nacht*-Show. Das war die heiße Scheiße, da wurden Stars gemacht. Da wollte ich hin!

Das Problem war: Alle wollten da hin, und an die Produzenten Hugo Egon Balder und Jacky Dreksler kam man einfach nicht ran. Beim Köln Comedy Festival, das jedes Jahr im Oktober mit zweihundert Veranstaltungen stattfindet, spielte ich in einer eher kleinen Location, dem Herbrand's, mein Programm *Nur so geht's!* vor etwa hundert Zuschauern. In Köln lernte ich die Sekretärin von Marc Conrad kennen. Marc Conrad war damals der allmächtige Programmchef von RTL, *RTL Samstag Nacht* war sein persönliches Baby. Ich ging mit seiner reizenden Assistentin essen und flirtete ihr das linke Ohr ab. Sie mochte mich wohl und half mir in den kommenden Monaten, in verschiedenen RTL-Sendungen aufzutreten. Vor allem aber öffnete sie mir dankenswerterweise die Tür zur *Samstag-Nacht-Show*. Schon im November dieses Jahres hatte ich zwei Auftritte in dieser sehr wichtigen Sendung.

Ich werde speziell den ersten Auftritt nie vergessen. Als ich zur Generalprobe in den Studios in Hürth ankam, war das Team supernett zu mir. Mirco Nontschew, Esther Schweins, Wigald Boning, Olli Dittrich: Alle überschlugen sich vor Nettigkeit und behandelten mich wie einen alten Kollegen. Ich fühlte mich von der ersten Minute an akzeptiert und höchst willkommen. Na bitte, dachte ich mir, geht doch, es ist immer besser, von oben einzusteigen, als sich von unten hochzubuckeln! Ich kam in einen richtig guten Flow und zeigte keine Anzeichen von Nervosität. Auch die Aufzeichnung der Sendung lief problemlos ab. Die Stimmung im Studio war sensationell, das Publikum war einfach froh, dabei zu sein. Auch mein Stand-up wurde wohlwollend und mit Gelächter aufgenommen.

Als ich später beglückt und zufrieden mit Gott und der Welt in meiner Garderobe saß, klopfte es an der Tür. Hugo Egon Balder, der allmächtige Mastermind der Sendung, kam herein und setzte sich zu mir aufs Sofa.

Ein Traum! Erster Auftritt, erste Sendung, und schon saß der wichtigste Mann in meiner Garderobe. Bam! Ich war begeistert und bereit für seine Lobpreisungen.

Ohne Umschweife kam Hugo zur Sache: „Atze, es ist nichts Persönliches, aber ich geb dir einen guten Rat – lass es! Das wird nichts, du bist einfach kein Komiker." Sprach es, klopfte mir auf die Schulter und verschwand.

Still blieb ich auf dem Sofa sitzen. Ich hatte Hugos Worte zwar gehört, aber sie erreichten mich überhaupt nicht. Im Gegenteil! Sollte er doch labern, was er wollte. Mir war völlig egal, was er sagte oder andere sagten. Sie würden schon sehen, wer am Ende recht behalten würde. Nein, ganz klar: Scheitern war keine Option, es kam einfach nicht infrage. Balder irrte sich, davon war ich überzeugt. Im Nachhinein klingt das unglaublich, aber so war ich eben. Ich glaubte an mich, und wenn die Welt nicht bereit war für mich, musste sich eben die Welt ändern.

Das Problem war: Hugo Egon Balder stand mit seiner Meinung nicht allein da. Nach der Sendung und für die nächsten

Auftritte bekam ich reichlich Gegenwind von allen Seiten. Mit dem zotigen Proll aus Essen-Kray wollte eigentlich keiner etwas zu tun haben. Die Zeitungkritiken aus dieser Zeit sind alles andere als wohlmeinend. Und der massive TV-Erfolg blieb bis auf Weiteres auch aus.

Es war Ironie des Schicksals, dass ich in dieser Zeit der Orientierungslosigkeit einen gemeinsamen Auftritt mit Till & Obel hatte. Deren großes Verdienst bestand Ende der Achtziger-, Anfang der Neunzigerjahre darin, die angestaubte Kabarettwelt mit bunter, lauter Comedy wegzublasen. Sie parodierten ganze Fernsehsendungen, Politiker, nationale wie internationale Rock- und Pophelden und hatten somit den Rock'n'Roll in die Comedy gebracht. Ihre Glanznummern *We Are the World* oder *Das aktuelle Sportstudio* kannte damals jeder, ob man nun zufällig den Fernseher anmachte oder sich gezielt für Comedy interessierte. Eines Sonntagabends spielte ich also auf einem Marktplatz in der Pfalz im Vorprogramm der beiden. Ein heikles Unterfangen. Ich wurschtelte mich wie üblich mit einer Mischung aus halbgaren Musiknummern, abgelegten Witzen meines Vaters und einer launigen eigenen Moderation durchs Programm. Kein Riesenerfolg, es störte aber auch keinen. Ein paar Lacher, am Ende höflicher Applaus.

Backstage traf ich in der Kaffee-Ecke auf Till Hoheneder, einen der beiden Protagonisten von Till & Obel. Er war ziemlich groß, sehr stämmig, eine sonderbare Erscheinung mit bunt geflickten Jeans. Er hatte immer einen ernsten Gesichtsausdruck und galt als schwieriger Typ. Wenn er einen mochte, war er ganz okay, wenn nicht, war er ein gefürchtetes und angeblich arrogantes Lästermaul, wie man so hörte. Mir persönlich waren die beiden keksegal. Umso überraschter war ich, als Till mich jetzt beim Kaffee ansprach: „Sag mal, Atze, was machst du da eigentlich auf der Bühne? Was soll das sein? Die Musiknummern sind durchwachsen, du singst den besten Hund kaputt, und deine Gags sind einfach alt und abgestanden. Das kann man doch nicht machen, das ist unterirdisch! Das ist doch kein Konzept! Ich gebe dir einen guten Rat – lass das, werd lieber Polizist oder Dachdecker. Lass die Finger von der Comedy, du bist echt nicht lustig."

Was für ein arroganter Sack! Nun ja, offensichtlich hatte ihm mein Auftritt nicht ganz so gut gefallen. Dennoch brachte mich diese Kritik zum ersten Mal ins Grübeln. Er war ja nicht der Einzige, der mein Programm scheiße fand, aber sein Ratschlag brachte das Fass zum Überlaufen. Die Wahrheit war, dass es sicherlich zum Teil ganz lustig zuging, aber es gab keinen roten Faden und keinen übergeordneten Sinn in meiner Performance. Ich erzählte hier und da eine Anekdote und fing plötzlich völlig unmotiviert an zu singen. So konnte das nicht weitergehen, das sah ich ein. Ich stellte mir schonungslos die notwendigen Fragen: Was wollte ich, Atze, überhaupt für eine Comedy machen? Wofür stand meine Figur? Was wollte ich erreichen, was sollten die Leute mit nach Hause nehmen?

Das waren Fragen, die ich nicht beantworten konnte. Ich fing an nachzudenken. Wie viel privater Atze sollte auf der Bühne landen, musste der Musiker in mir dort stattfinden? Was fand ich überhaupt selbst lustig? Ich beschloss, eine Bestandsaufnahme meines Programms zu machen. Zu Hause am Computer stellte ich fest, dass es nicht eine meiner Nummern in schriftlicher Form gab. Sie waren einfach ein ungeordnetes Sammelsurium in meinem Kopf. Ein wirres Gulasch aus abgehangenen Musikerjokes und Vertretersprüchen. Das musste sich ändern. Ich schrieb alles auf, was ich im Moment auf der Bühne so von mir gab.

Am nächsten Morgen hatte ich ein paar chaotische Seiten gefüllt. Kopfschüttelnd staunte ich über mich selbst, mit welcher Dreistigkeit ich die Auftritte durchgezogen hatte. Wie naiv ich an diesen schwierigen Job herangegangen war! Das hatte mit Selbstbewusstsein und Chuzpe nichts zu tun, das war fahrlässig und dumm. Wenn ich wirklich Komiker sein und den Beruf erfolgreich ausüben wollte, musste ich vor allem professioneller werden. Mir Gedanken über Inhalte, Dramaturgie, Outfit und so weiter machen. Ein komplettes Konzept musste her, eine Atze-Schröder-Welt musste erschaffen werden. Wo wollte ich als Atze hin? Das alles brauchte eine inhaltliche Ausrichtung, und zwar eine so lustige wie möglich.

Ich machte mich direkt an die Arbeit. Zum ersten Mal im Leben versuchte ich, einen witzigen Text zu schreiben. Da ich keine Ahnung hatte, griff ich auf das zurück, was ich im Deutschunterricht gelernt hatte: Einleitung, Hauptteil, Schluss. Ich hatte es geliebt, Aufsätze zu schreiben! So verfasste ich die ersten drei Nummern und trug sie meinem alten Tontechnikerfreund Töne vor. Der kannte ja eh alle Auftritte von mir und war somit ein geeigneter Kritiker meines Erstlingswerks. Außerdem hatte Töne jahrelang für Acts wie Till & Obel, Rüdiger Hoffmann und diverse Comedy-Produktionen gearbeitet. Er wusste genau, was ankam, und hatte obendrein selbst einen tollen Humor. Ich kannte kaum einen, der schlagfertiger und mit einem derart brillanten Mutterwitz ausgestattet war.

Töne hörte mir aufmerksam zu und hatte seinerseits jede Menge Ideen, wie wir meine Texte noch witziger gestalten konnten. Was er draufhatte wie kein anderer, waren Spezialausdrücke: Ein stinknormaler Disco-Türsteher wurde zu „Don dicke Hose", eine Bäckereifachverkäuferin zu „Prinzessin Nussecke", ein Auto fahrender Rentner zu „Käpt'n Tempolimit".

Japanische Autos waren „Sushi-Kutter", eine Harley-Davidson war eine „Darmentleerung aus Milwaukee" und ein Ferrari ein „schangeliger Fiat-Rollator aus Modena". Frauen waren „Moosröschen", „Madame Lillifee", abwertend eine „Nachteule" oder „Hui Buh, das Schlossgespenst".

Darüber hinaus war Töne ein Großmeister des gepflegten Pay-offs: Für eine Nummer im Eiscafé, in der der Eisverkäufer vorsichtig anfragt, ob es für einen Espresso denn nicht zu spät sei, haute Töne folgende Replik raus:

„Hömma, Signore Gelati, ich brauch kein EKG vom Mokkawart. Du musst doch sicher noch 'n Eimer Streptokokken unters Malaga mischen, hau rein, is' schon spät!"

Für Töne stand natürlich von vornherein fest, dass ein Atze Schröder nur Porsche fahren kann. Meinen zaghaften Einwand, dass ich mir doch keinen Porsche leisten könne, ließ er nicht gelten. Töne ist seit seiner Geburt der größte Porsche-Fan Deutschlands. Er kennt jedes Detail und kann auf Nachfrage spontan erläutern, welche Schraube zu welchem Motor oder welcher Ölwanne gehört. Einer von seinen Sprüchen in diesem Bereich ist: „Ein Porsche verliert kein Öl, er markiert sein Revier!" Außerdem ist ein Porsche für Töne nicht einfach ein Porsche, sondern eine „Zuffenhausener Präzisionslenkwaffe". Das einzige Auto ohne versteckte Mängel. Der Motor dieses Gefährts macht keine Geräusche, sondern „der Turbo pfeift die Symphonie der Vernichtung". Es gibt nur einen Menschen auf der Welt, dem Töne in Sachen Auto nicht widersprechen würde, und das ist Walter Röhrl. Laut Töne ist er der Hohepriester des Automobilsports. Widerspruch zwecklos.

Nach und nach erarbeiteten wir uns das Profil des Bühnen-Atze. Er sollte ein schlagfertiger Ruhrgebiets-Stenz sein, der mit großer Klappe und immer dem richtigen Spruch auf den

Lippen den Widrigkeiten des Alltags trotzt. Ein Lebenskünstler ohne Beruf, der Rockmusik liebt, Cowboystiefel trägt und trotzdem das Geld für einen dicken Porsche Turbo hat. Ein bisschen *Theo gegen den Rest der Welt*, mit dem Unterschied, dass Atze nie als Loser aus den Geschichten rausgeht. Ein ausgekochtes Schlitzohr, das Männer und Frauen lieben, dem man einfach nicht böse sein kann.

Um es kurz zu machen: Mit Töne zusammen schaffte ich die erhoffte Wende. Ich kam weg von der planlosen Nummernrevue und hin zu einem klar strukturierten, in sich geschlossenem Atze-Kosmos. Der Erfolg gab uns recht. Das Publikum nahm die neuen Nummern begeistert auf, wir hatten endlich den richtigen Atze-Sound gefunden. Die nächsten Monate machten dann richtig Spaß. Es sprach sich herum, dass es bei Atze auf der Bühne richtig lustig zuging: Jede Minute ein todsicherer Gag, eine Pointe oder ein Hammerspruch. Wir fingen an, Geld zu verdienen. Die Verkaufszahlen stiegen rasant, die Zuschauer amüsierten sich prächtig. Die Kritiken in den Lokalblättern blieben zwar skeptisch, aber das war dem Publikum egal. Die Besucher gingen glücklich mit Lachmuskelkater nach Hause und erzählten es allen Skeptikern weiter. Also feilten wir eifrig weiter am Konzept.

Es gab nur ein Problem: Der Stand-up-Teil im Programm wurde so dominant, dass es für Musik keinen Raum und vor allem keinen Grund mehr gab. Dass mein Freund Micha samt Keyboard auf der Bühne meinen Cousin Jürgen Pawlaszeck mimte, war künstlerisch nicht mehr zu rechtfertigen. Nüchtern betrachtet war dies die korrekte Analyse, die mich aber emotional in große Bedrängnis brachte. Ich konnte doch nicht einfach zu ihm hingehen und sagen: „Ich brauch dich nicht mehr, danke, Micha, das war's. Tschüss, auf Wiedersehen!"

Eine grauenhafte Vorstellung, die mich sehr bedrückte! Ich fühlte mich wie das letzte Arschloch. Aber ich konnte es drehen und wenden, wie ich wollte: Mit ihm gemeinsam aufzutreten, ergab wirklich keinen Sinn mehr. Ich raufte mir die Haare. Immer wieder drückte ich mich vor der Entscheidung – ich wusste einfach nicht, wie ich es ihm sagen sollte. Wie würde er reagieren: verständnisvoll, traurig oder wütend? Würde er mich verklagen? Wäre unsere Freundschaft vorbei?

Im Juni 2000 war es dann so weit. Ich hatte es lange genug vor mir hergeschoben. Wir saßen zu zweit im Auto, auf dem Weg zu einem Open-Air-Auftritt in Bremen. Während ich fuhr, nahm ich all meinen Mut zusammen. Und druckste schließlich herum: „Du, Micha ... äh ... ich bin dir echt dankbar für alles, was wir bisher erreicht haben, aber ... ich glaube, es macht mehr Sinn, wenn ich allein weitermachen würde. Was hältst du davon, wenn ich deine Gage bis zum Jahresende weiterzahle und die Live-Gigs ab sofort solo bestreite?"

Endlich war es raus. Ich hatte einen riesigen Kloß im Hals. Wir schauten uns beide nicht an, sondern krampfhaft auf die Straße. Eine endlose Minute verstrich.

Dann hörte ich ihn sagen: „Ich hab mir so was schon gedacht, Atze. Mach dir keinen Stress, es ist völlig okay für mich."

Was für ein Wahnsinnskerl! Was für eine Größe! Bis heute bin ich Micha unendlich dankbar, dass es keinen Streit zwischen uns gegeben hat. Dass alles würdevoll und anständig über die Bühne ging. Wir sind noch immer gut befreundet, und die Freude ist groß, wenn wir uns mal wiedersehen. Er ist einfach ein feiner Kerl, ein toller Mensch, eine ehrenwerte Seele. Es gibt nur wenige Menschen in meinem Leben, die so viel innere Stärke und Würde haben. So war er schon immer, schon als Jugendlicher. Danke, Micha.

Meine Oma. Fels in der Brandung und ein Herz so groß wie die Alpen.

© privat

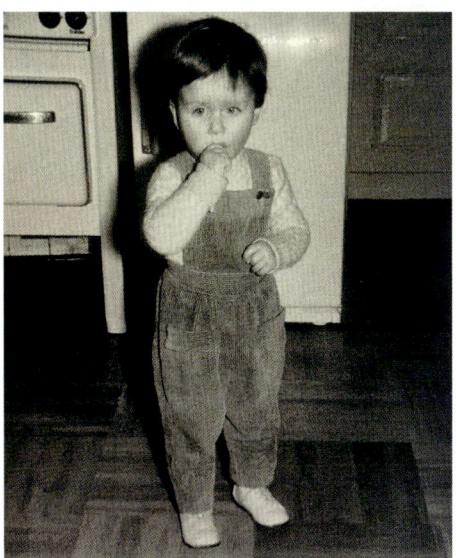

Zuhause in der Küche. Heißer Kakao und Essen nur vom Feinsten. Ich wurde echt nach Strich und Faden verwöhnt.

© privat

**Meine erste Autogrammkarte überhaupt.
Der Sponsor steht oben rechts.** © privat

Die erste CD unserer Band The Proll. Amaretto und ich verbinden diese Zeit mit grenzenlosem Spaß auf der Bühne. Damals hatte Comedy noch viel mit Lachen zu tun.
© privat

Musikdreh mit Amaretto für unseren Tophit *Frau Husefuck*. Die Szene spielt am Strand. Was man nicht sieht: Es ist der 23. Dezember und minus 10 Grad in Haltern am Silbersee (die Côte d'Azur des Ruhrgebietes). © privat

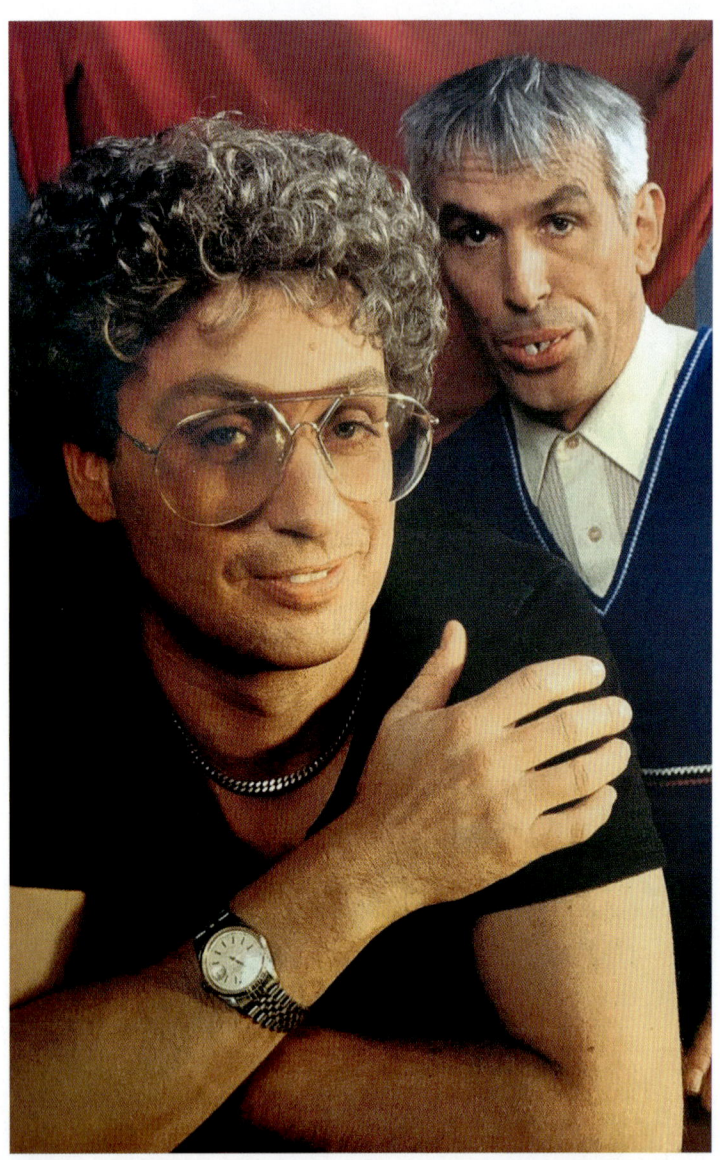

Nach The Proll ging es dann mit meinem Cousin Jürgen (Michael Hummel) weiter. Er hat sich teilweise sehr in die Rolle reingesteigert.

© privat

Alles Atze war echt ein Meilenstein für mich. Sowas wäre heute sicher nicht mehr möglich. Was für eine geile Zeit, was für tolle Kollegen.

Alle Fotos dieser Seite:
© Sony Pictures Film und Fernseh Produktions GmbH

Bettina Landgrafe mit ihrem Verein »Madamfo Ghana« leistet in Westafrika unglaubliches. Die Reisen dorthin haben mich echt verändert. Danke, einfach nur danke! © privat

R.C.H. &
HILDREN's WARD
D BY: R.T.L-W/R. HELFEN KINDERN
ADAMFO GHANA E.V. GERMANY

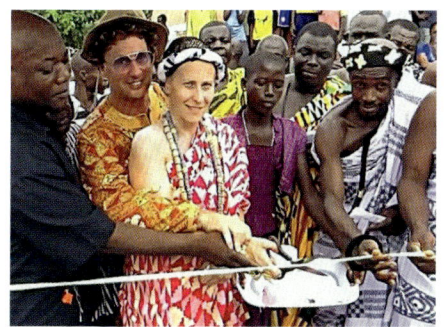

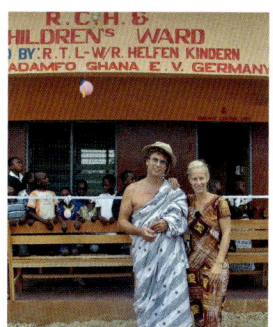

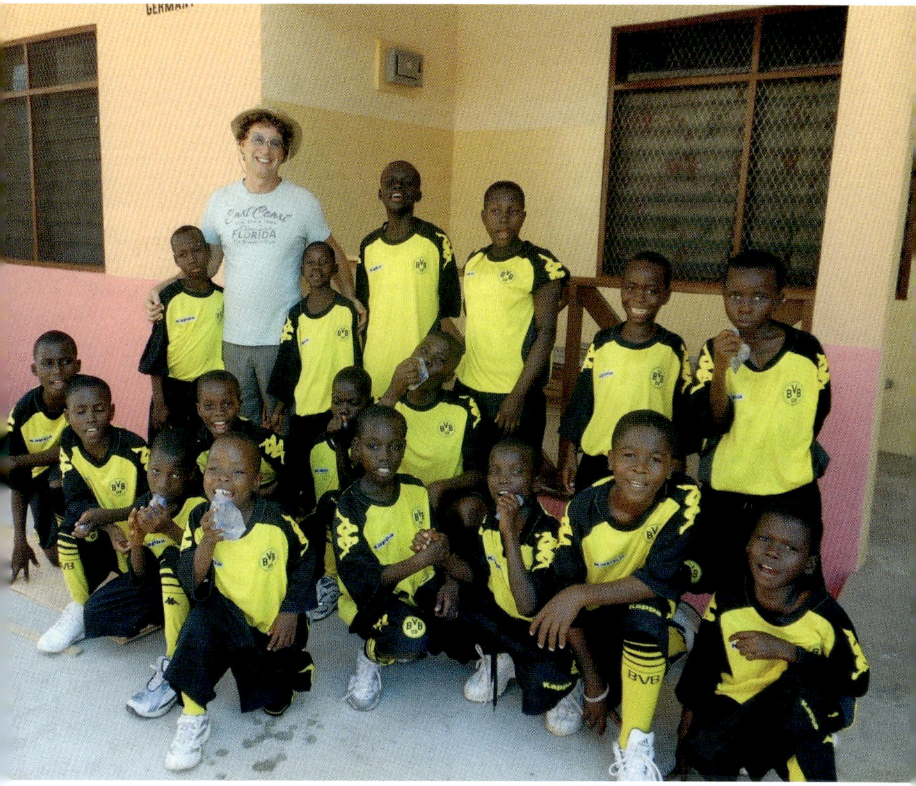
FLORIDA
BVB
Kappa

Als Dieter Thomas Heck bei 50 Jahre *Hitparade* im ZDF.

Als Günther Jauch beim Jubiläum von *SternTV*.

... und immer wieder *Wetten, dass..?*

Mit Heike Kloss beim Comedy Preis.

Der deutsche Fernsehpreis für *Alles Atze* 2003 in Köln.

Mit Thomas und Michelle ... natürlich bei *Wetten, dass..?*

Na, wer hat Tom Hanks die verdammte Katzenmütze aufgesetzt? Markus Lanz musste die Prügel dafür einstecken, aber ich war's. Sorry, tut mir leid (fast).

Die verlorene Saalwette ...

Na, wer moderiert hier? Tommy war sehr irritiert.

Mit Lena und Matthias Schweighöfer aufm Sofa, schön mit Sekt betankt. Ich musste dann in Hannover noch eine Zuschauerin zum Bahnhof fahren. Angetütert mit Polizeieskorte.

Alle Fotos dieser Doppelseite: © privat

U900, der Kinofilm, auf den ich auch heute noch stolz bin.

Alle Fotos dieser Seite: © Wiedemann & Berg Film GmbH

Am schönsten ist die Bühne. Nirgends fühle ich mich wohler.

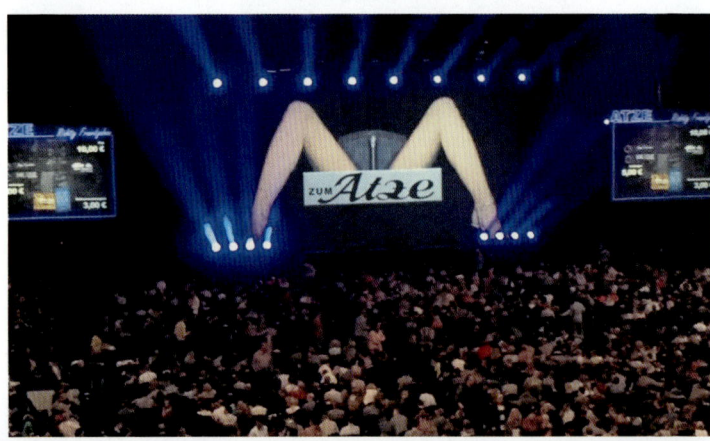

Februar 2020. Ab März kam die Pandemie und es ging nix mehr.

Ach ja, *7 Zwerge, Männer allein im Wald*. Mit Nina Hagen zu spielen, ist ein Erlebnis. Naturgewalt trifft auf den Hofnarren. Und wer hat am Ende die schöne Prinzessin (Cosma Shiva Hagen) bekommen?

Leon oder wie ich ihn nennen darf: Dr. Leon Windscheid. Zusammen machen wir den Podcast *Betreutes Fühlen*. Er ist wirklich einer der feinsten Menschen auf diesem Planeten. Streng genommen bin ich etwas älter als Leon, ungefähr 25 Jahre, merkt man aber kaum. Mittlerweile sind wir »dicke Freunde«.

Mit Alice Schwarzer beim WDR. Immer wieder ein großes Vergnügen auf diese schlaue, lebenslustige Frau zu treffen.

Matze, Leon und ich im *Hotel Matze*

Mit Till und Micky Beisenherz bei der Moderation der *24 Stunden Show*. Von Samstag Mittag bis Sonntag Mittag nonstop ohne Schlaf. Die Pointe: Danach haben wir noch 10 Stunden Aftershowparty gemacht.

Wer Bäume pflanzen will, muss früh aufstehen. Mit dem Verein »Das Geld hängt an den Bäumen« entsteht aus einem spontanen Versprechen auf der Bühne der »Atze-Wald«.

Till und Atze. Echte Freundschaft. Beim Schreiben, auf der Bühne, hinter der Bühne und gerne an jeder Hotelbar. Pures Glück.

ALLES ATZE: DIE GEBURT

Während der Entwicklung der Bühnenfigur Atze Schröder passierte an einem Novembertag 1996 etwas Unglaubliches, dem ich zunächst nur wenig Beachtung schenkte. Tatsächlich glaubte ich an einen verspäteten Aprilscherz, als ich eine ominöse DIN-A4-Seite aus meinem Faxgerät zog. Der Briefkopf kam mir als Kinofreund nur allzu bekannt vor: eine Frau im langen Gewand mit Fackel in der Hand, daneben ein Pegasus. Ganz klar: das Logo der amerikanischen Filmproduktionsfirma Columbia TriStar!

Ich setzte mich an meinen Schreibtisch und rätselte, wer mich denn hier verarschen wollte. Dann las ich mir den Text in Ruhe durch. Und glaubte erst recht, Opfer eines miesen Scherzes zu sein. Ich las noch einmal: „Lieber Atze Schröder ..." – an den genauen Wortlaut kann ich mich nicht erinnern, aber eine Produzentin der Firma, eine gewisse Frau Ruff, wollte sich mit mir treffen, um die Möglichkeit einer Zusammenarbeit zu erörtern. Ich verstand nur Bahnhof und rief verunsichert Arndt, meinen Agenten, an. Als ich ihm den Inhalt des Faxes schilderte und den Namen Christiane Ruff erwähnte, ging er am Telefon steil.

„Was, Christiane Ruff? Sensationell, Wahnsinn! Die Frau hat echt was zu melden in der Branche. Die ist jetzt bei Columbia TriStar? Totaler Hammer, schick mal 'ne Kopie, ich kümmere mich drum!"

Im Laufe des Tages rief Arndt noch mal an: „Alter, das ist großartig: Wir haben am nächsten Montag einen Termin bei Christiane Ruff in Köln!"

Ich war angenehm überrascht, hatte allerdings keinerlei Vorstellung, was man von mir wollte. Wenn ich geahnt hätte, was da ins Rollen kam, hätte ich bedeutend schlechter geschlafen.

Egal, am Montagvormittag betraten wir das großzügige Bürogebäude in Köln-Ossendorf. Im Aufzug dachte ich noch: Hoffentlich erinnert sich diese Frau Ruff überhaupt daran, dass sie mir ein Fax geschickt hat ...

Die Aufzugtür öffnete sich, und vor mir standen nicht nur Christiane Ruff, sondern noch sieben weitere Mitarbeiter und klatschten in die Hände, als wäre gerade George Clooney und nicht der kleine Atze aus dem Lift gestiegen. Was für ein Empfang! Es war mir ehrlich gesagt etwas unangenehm. Viel zu dick aufgetragen, ich hatte doch gar nichts auf meinem Zettel.

Im Büro wurde es erst mal etwas ruhiger. Arndt brachte keinen Ton hervor. Christiane Ruff schnappte sich einen Stuhl und setzte sich direkt vor mich. Sie stützte ihre Unterarme auf ihre Schenkel, und ich tat es ihr nach. So saßen wir uns frontal gegenüber und schauten uns einfach nur in die Augen. Keiner verzog eine Miene. Die Energie, die von dieser Frau ausging, war unglaublich. So etwas hatte ich noch nicht erlebt! Ich war total begeistert und bin bis heute fasziniert von diesem Ereignis. Ich glaube, wir haben uns in dem Moment einfach erkannt. Jeder von uns beiden spürte, dass sich hier die Richtigen gefunden hatten. Die Chemie stimmte von Anfang an. Aber wie!

Nicht, dass hier ein falscher Eindruck entsteht: Christiane kann sehr dominant sein. Es gibt sicherlich einige Schauspieler und Autoren, die sich mit dieser energischen Frau schwertun, aber für mich war sie goldrichtig. Ich verdanke ihr viel. Sehr viel.

Wir saßen dann etwa eine Stunde zusammen und unterhielten uns über Comedy im Fernsehen. Ihr neuestes Baby war die Entwicklung von Sitcoms für den deutschen Markt. In den USA waren Sitcoms schon lange das große Ding. Da Columbia TriStar ein Big Player auf dem Gebiet war, versuchten sie nun, dieses Format auch im deutschen Fernsehen zu etablieren. Christiane zeigte mir als Beispiele Pilotfolgen der später sehr erfolgreichen Serien *Nikola* mit Mariele Millowitsch und *Die Camper*. Anschließend fragte sie mich, ob ich mir vorstellen könnte, auch so etwas zu machen.

Ich zuckte mit den Schultern.

„Warum nicht, ich kann mir ja mal ein paar Gedanken machen."

Sie strahlte schon wieder mit ihren blauen Augen und sagte: „Dann schreib doch mal ein kleines Exposé und schick es mir die Tage zu!"

Ah, na ja. Warum nicht?

Als Arndt und ich wieder im Auto saßen und nach Hause fuhren, fragte ich ihn, was er von der Sache hielt, weil er zum Gespräch ja eher wenig beigetragen hatte. Er meinte: „Schreib einfach dieses Exposé, kostet doch nichts. Vielleicht gefällt es denen ja."

In dem Moment war mir klar, dass mein Agent keine große Hilfe sein würde. Ich musste mir also selbst was überlegen. So weit, so gut. Aber was um alles in der Welt war ein Exposé? Wie sollte ich bloß ein Sitcom-Exposé zu Atze Schröder schreiben? Bis vor Kurzem hatte ich noch nicht mal gewusst, was eine Sitcom überhaupt war!

Ich hatte also keinen blassen Schimmer, was ich tun sollte. Im Kopf ging ich unendlich viele Möglichkeiten durch, in welche Berufswelt ich Atze verpflanzen könnte – Polizist? Discobetreiber? Beamter bei der Stadtverwaltung? Selbst Hüttenwirt auf einer Alm in den Alpen zog ich in Betracht. Dann hatte ich eine glorreiche Idee. Wer klopft den ganzen Tag muntere Sprüche und muss mit Hinz und Kunz diskutieren? Richtig, der Friseur!

Ich sah ihn schon vor Augen, den lustigen Friseursalon. Mit Töne als frechem Herrenschneider und mir als scherenschwingendem Maestro für die elegantesten Damenfrisuren. Micha würde den etwas schusseligen Haarfeger geben, der im Höchstfall mal einem Kunden die Haare waschen darf. Einen Namen für die Schnippelbude hatte ich auch schon: *Hair Force One*. Genial! Ich war total elektrisiert und glücklich, auf diese bahnbrechende Idee gekommen zu sein. Begeistert trug ich meiner Perle meine Eingebung vor.

Sie schüttelte nur den Kopf und verdrehte die Augen. „Du hast doch gar keine Ahnung vom Friseurhandwerk. Willst du jetzt schnell noch eine Lehre machen, oder was? So ein Humbug!"

Ich war tödlich beleidigt, wenn auch nur für zehn Minuten. Dummerweise hatte sie recht, und zwar absolut. Mein Traum fiel in sich zusammen wie ein Kartenhaus. Es war zum Mäusemelken. Jetzt hatte ich schon mal die große Chance, aber nicht die richtige Idee für das Projekt!

Am nächsten Tag beschloss ich, mir eine TV-Zeitschrift zu kaufen, um nachzulesen, welche Formate im deutschen Fernsehen zurzeit erfolgreich waren. Zufällig war ich gerade in Dortmund zu Besuch bei einem Kumpel, der nur ein paar Schritte von einem Kiosk entfernt wohnte. Wie das oft so ist im Ruhrgebiet, standen vor der Bude ein paar Gestalten mit Bierflaschen, die sich die Welt erklärten. Jeder Kunde wurde mit Weisheiten bedacht oder mit Spott überzogen. Das wiederum brachte den Kioskbetreiber auf die Palme, der seine trinkenden Stammkunden allerdings voll im Griff hatte und sie mit launigen Ergüssen in Schach hielt. Keine Frage, wer hier die Lufthoheit hatte! Über viele seiner Sprüche musste ich lachen. Das war der Moment, als mir die Erleuchtung kam: ein Kiosk! Atze Schröder, der Kioskbesitzer! Man musste nichts können außer gute Laune verbreiten und für jeden Kunden einen guten Spruch parat haben.

Ich wusste sofort, was die Stunde geschlagen hatte. Das war die Idee, die oder keine! In meiner Funktion als Kioskchef konnte ich alles einsetzen, was ich an dummen Sprüchen, Jokes und Lebensweisheiten als Musiker, Vertriebler und Selbstständiger schon gehört hatte. Soziokulturell war das Ruhrgebiet natürlich genau das richtige Biotop für Atzes Kiosk. Die Trinkhallenkultur war ja ein Teil der Ruhrgebiets-DNA. Hier trafen sich alle Schichten, hier redete man miteinander. Vom gescheiterten Säufer über den Banker bis hin zum hochintellektuellen Schriftsteller – hier waren alle gleich, wenn sie Bier oder Zigaretten kaufen wollten. Es gab nur einen König in der Runde, und das war der Kioskbesitzer.

Zu Hause schrieb ich hastig alles auf. Ich goss quasi das amtliche Fundament für den Atze-Kiosk. Ich schrieb wie im Rausch, dann hatte ich drei Seiten voll. Da ich nach wie vor nicht wusste, was ein Exposé war und ob man das, was ich da hatte, überhaupt Exposé nennen konnte, war ich beim Eintüten des Werkes schon nicht mehr ganz so selbstsicher. Ich sagte zu meiner Perle: „Ich hoffe, das reicht. Vielleicht erwarten die ja auch hundert Seiten, ich hab nicht den leisesten Hauch einer Ahnung."

Zwei Tage vergingen, ohne dass ich weiter über das Projekt nachdachte. Enttäuscht konnte ich schon mal nicht werden, weil ich mir nicht vorstellen konnte, dass aus meinen Gedankenspielen irgendetwas Großartiges werden würde. Wenn im Rahmen der Zusammenarbeit nur mein Liveprogramm auf irgendeinem TV-Sender gesendet würde, wäre das ja auch nicht schlecht.

Am dritten Tag rief mich Christiane Ruff dann selbst an. Ich rechnete mit dem Schlimmsten, doch es kam anders: Sie war total begeistert!

„Mensch, Atze, tolle Idee. So ein Kiosk, dass ich da nicht selber draufgekommen bin! Dabei komm ich doch aus Gelsenkirchen. Der Kiosk als Mikrokosmos der Gesellschaft: Hammer! Das ist echt ein großer Wurf. Genial einfach, aber einfach genial. Da feilen wir jetzt mal ordentlich mit unseren Autoren dran. Dann können wir das als Erstes Pro7 anbieten."

Als ich auflegte, war ich völlig euphorisiert. Ich führte einen Freudentanz auf und tobte laut lachend durch die Bude. Hätte es besser laufen können? Nein! Ganz klar: Jetzt würde sich mein Leben ändern. Ich sah es vor mir – spätestens in vier Wochen würde ich gut gelaunt mit hochkarätigen Schauspielerkollegen am Set sitzen und bei ein paar leckeren Cocktails das Drehbuch mit dem Regisseur durchgehen. Während der Dreharbeiten würden Redakteure des *Spiegel* oder der *Bravo* vorbeikommen, um mehrseitige Specials mit mir, dem neuen Comedystar, dem deutschen Burt Reynolds, zu machen. Von Glück durchströmt träumte ich weiter, und blauäugig, wie ich war, malte ich mir alles in den schönsten Farben aus. Die *Titanic* alias *MS Atze Schröder* war in Fahrt, von Eisberg keine Spur. Was sollte ich mir zuerst zulegen? Bodyguards, eine Ferienvilla mit Weinberg, drei Tüten Brustkaramellen?

Die Realität sah anders aus. Monate vergingen, bis ein erster Entwurf für ein etwaiges Pilotdrehbuch auf dem Tisch lag. Schade nur, dass es niemandem gefiel. Selbst mir nicht. Dann ging weiter monatelang nichts voran. Aber auch wirklich gar nichts! Besorgt rief ich Christiane an: „Was ist denn da los? Wird das denn noch mal was, oder wartet ihr, bis ich fünfundsechzig bin und Rente beantragen kann?"

Sie konnte mich leider nicht beruhigen.

„Wir haben Schwierigkeiten mit dem Drehbuch, es fehlt noch der große Wurf. Ehrlich gesagt sind wir gerade ein bisschen ratlos, wie es weitergehen soll."

Meine Knie wurden weich. War das Projekt vor der Geburt bereits tot? Sollte ich das Drehbuch jetzt etwa selbst schreiben? Davon hatte ich doch keine Ahnung, das war doch überhaupt nicht meine Baustelle!

Immerhin: Columbia TriStar schickte mich in dieser Zeit freundlicherweise zu einem Drehbuchseminar des bekannten Hollywood-Autors Jürgen Wolff.

Da saß ich also zusammen mit vierzehn hoffnungsvollen deutschen Jungautoren im Seminar des Herrn Wolff.

Schon in der ersten Stunde brachte uns der Experte Demut im Geschäft bei. Er schrieb Folgendes auf eine Tafel: Von 500 Ideen für eine Serie kommt es optimistisch gerechnet zu 120 Exposé-Aufträgen. Aus diesen 120 Exposés ergeben sich eventuell 30 Aufträge für eine erste Drehbuchfassung. Daraus werden im nächsten Schritt – aber nur, wenn alles stimmt – vielleicht zehn Pilotdrehbücher. Und aus dreien davon wird schlussendlich mit ganz viel Glück ein echter Pilotfilm gedreht.

Herr Wolff hatte in Los Angeles selbst jahrelang von der Hand in den Mund gelebt und sich mit diversen Jobs über

Wasser gehalten. Er erzählte einige Anekdoten aus dieser Zeit, zum Beispiel, dass in Los Angeles so ziemlich jeder Kellner Autor oder Schauspieler sei. Der Vormittag verging wie im Fluge, denn der Meister hörte sich gerne reden. Einige Aspiranten hatte er in drei Stunden bereits derartig demoralisiert, dass sie gar nicht mehr zum Mittagessen erschienen. Zufällig saß ich dem Fachmann am Mittagstisch direkt gegenüber. Gut gelaunt fragte er mich, woran ich denn gerade arbeiten würde.

Treuherzig sagte ich ihm die Wahrheit.

„Ich hatte die Idee zu *Alles Atze*. Wir arbeiten im Moment am Pilotdrehbuch."

Er reagierte verdutzt: „*Alles Atze*? Das Projekt kenne ich. Das soll ja, wie man so hört, die neue Trumpfkarte bei Columbia TriStar sein. Gratuliere, dann weißt du ja, wovon ich eben gesprochen habe! Wie lange bist du denn schon im Geschäft? Oder besser: Wie viele Exposés hast du schon in deinem Absagetresor?"

Irritiert schaute ich ihn an und suchte nach einer plausiblen Antwort.

„Tja, Jürgen, wie soll ich sagen ... *Alles Atze* ist bisher meine erste Idee und mein einziges Exposé!"

Ich schaute in zwei gebrochene Augen. Sichtlich bemüht – an Essen war nicht mehr zu denken – rang der Schreiber-Guru um Fassung. „Wie, was, äh ... das gibt es doch gar nicht!" Wortfetzen der Verzweiflung und der unterdrückten Wut drangen aus seinem nunmehr verkniffenen Mund. Immer wieder schüttelte er ungläubig den Kopf.

Für den Rest des Seminars ging er mir aus dem Weg und würdigte mich keines Blickes. Es tat mir alles so leid! Andererseits war ich mir keiner Schuld bewusst, ich hatte ja nur erzählt, was tatsächlich los war. Für die zahlreichen Frauen im Seminar war ich von da an der Held. Und alle gaben sich kräftig Mühe, mich von ihrer Schreibkunst für meine Serie zu überzeugen. Ich nahm die Huldigungen dankbar entgegen, ohne den Damen und Herren allerdings mitzuteilen, dass diese Posten schon vergeben waren.

Christiane Ruff hatte Gott sei Dank die Idee gehabt, die famosen SchreibWaisen, ein Autorenkollektiv, für unser Drehbuch ins Boot zu holen. Die SchreibWaisen, das waren Peter Freiberg, Thomas Koch und Michael Gantenberg. Alle drei unfassbar gute, erfahrene TV-Autoren mit Wurzeln im Ruhrgebiet! Sie schafften es, ein Pilotdrehbuch zu schreiben, das alle Beteiligten für rundum gelungen hielten. Endlich war der Knoten geplatzt. Auf meine zarte Nachfrage im Herbst 1997, wann es denn nun endlich losginge, hieß es vonseiten der Produktion: „Mit viel Glück drehen wir im Frühjahr 1998 den Pilotfilm."

Zeit, das lernte ich in diesen Monaten, ist für Film- und TV-Leute eine stark strapazierbare Einheit.

Im Drehbuch für den Piloten standen vier Hauptfiguren: Atzes Freundin Biene, der Kioskgehilfe Murat, Atzes bester Freund Robert und Opa Pläte, der griesgrämige Vermieter. Da ich keine Schauspieler kannte, mischte ich mich bei der Besetzung erst gar nicht ein. Ich hatte volles Vertrauen zu Christiane. Sie wiederum kannte so ziemlich jeden Bühnenkünstler in Deutschland und hatte mit ihrer Serienerfahrung ein gutes Gespür für die Zusammenstellung eines Sitcom-Ensembles. Um ehrlich zu sein, fand ich alle Vorschläge gut. Ich hatte mal wieder von nichts eine Ahnung – eine Sitcom, die über Jahre laufen soll, braucht unbedingt eine homogene, sozial gut verträgliche Schauspieltruppe, sonst wird die Arbeit zur Qual und unberechenbar! Das Drehen von einer Staffel *Alles Atze* dauerte drei Monate. Jede Woche, von Montag bis Freitag, mit

Drehtagen von 7 Uhr morgens bis teilweise spät in die Nacht. Wenn man sich da nicht versteht, hat man schnell die Kacke am Dampfen und auf Kies gefurzt. Im Gegensatz zu mir wussten Christiane als Chefin und Imre von der Heydt als Producer das ganz genau.

Die Rollen von Biene und Murat waren die Eckfeiler der Produktion. Zunächst suchten wir den Murat. Wir mussten also einen jungen Schauspieler finden, der nach Möglichkeit einen türkischen Migrationshintergrund hatte. Bei den Castings waren einige vielversprechende Kandidaten dabei, als jedoch Fatih Çevikkollu auftrat und mit seiner Energie das Set umpustete, war die Sache sofort klar.

Bei Biene sah das schon anders aus. Die Anforderungen an die Darstellerin waren fast unerfüllbar: sexy, lustig, naiv, aber nicht dumm, warmherzig – und das alles als Dauerfreundin von Atze Schröder! Kaum machbar. Dementsprechend gab es dauernd neue Castingtermine. Etliche fähige, attraktive und kluge Schauspielerinnen wurden ausprobiert. Zunächst setzte man wie üblich auf bekannte Namen. Als Erstes probierte ich mehrere Szenen mit der zauberhaften Cordula Stratmann, die im WDR als Kabarettistin von sich reden machte. Leider sprang der Funke nicht über. Auch mit der charmanten Sandra Steffl und diversen anderen Schauspielerinnen entstand nicht die richtige Chemie. Das alles änderte sich schlagartig, als bei einem weiteren Casting die wunderbare, ja wahrlich hinreißende Heike Kloss die Probenbühne betrat. Alle spürten sofort: Das ist die Richtige! Sie war das fehlende Puzzleteilchen für die Überführung des Bühnen-Atze in die Serienwelt. Bis heute bin ich überzeugt, dass Heike als Biene der entscheidende Glücksgriff für *Alles Atze* war.

So waren nach einiger Zeit alle Rollen glänzend besetzt. Im Frühjahr 1998 wurde dann tatsächlich gedreht. Nach sechs langen Drehtagen war die Pilotfolge im Kasten. Wieder war eine wichtige Hürde genommen, und ich dachte mal wieder völlig naiv: Jetzt kann wirklich nichts mehr schiefgehen!

Als der Film zwei Wochen später fertig geschnitten war, platzte ich fast vor Stolz. Der Privatsender Pro7 hatte Interesse bekundet. Also saßen Christiane, Imre und ich im Flieger nach München, um mit dem verantwortlichen Produzenten zu reden. Ich war wahnsinnig nervös und emotional aufgeladen, es ging ja schließlich um meine Zukunft. Für mich unverständlich und bewundernswert: Christiane und Imre war keinerlei Aufregung anzumerken. Sie hatten die Ruhe weg und waren bester Dinge.

„Großartig, sensationell, fantastisch!"

Klangvoll dröhnte die Stimme von Timo, dem Produzenten (Name geändert, weil besser so), durch den schicken Meetingraum. Wir befanden uns in der Unterföhringer Zentrale von Pro7. Timo war vom Typ her eine Art Joe Pesci. Untersetzt, bullig, Aura des Top-Checkers. Er ließ zu keiner Zeit irgendwelche Zweifel aufkommen, wer hier das Sagen hatte. Das war sein Revier, hier war er der Sechzehnender, der Chef an der Schüppe, das obere Ende der Nahrungskette! Leben oder Sterben einer Serie wurden in diesem Raum entschieden, und zwar von ihm. Flankiert von äußerst attraktiven Assistentinnen, die wirklich jedes Wort von ihm mitschrieben, damit es der Nachwelt erhalten blieb, hielt er einen endlosen Monolog. Selbst ergriffen und berührt von seinem messerscharfen Verstand, erklärte er uns die große, weite Welt des neuen Fernsehens.

Ich war zugleich abgestoßen und total begeistert von diesem grotesken Charakter. So eine Type hatte ich noch nie erlebt. Völlig fasziniert beobachtete ich ihn, damit mir ja nichts von seiner größenwahnsinnigen Performance entging. Und er lieferte – nachdem er sich eine Weile in Fahrt gelabert hatte.

Er lehnte sich in seinem schwarzen Chefsessel zurück, nahm einen tiefen Zug an der Zigarette und legte theatralisch los.

„Glückwunsch, Leute. Was ihr da auf die Beine gestellt habt, ist nichts weniger als eine Sensation. Ge-ni-al! Ich hab noch nie was Lustigeres gesehen. Diese Biene, Wahnsinn! Ein geiles Weib! Was für Beine! Baaaaah! Top! Wo habt ihr die denn her, das ist doch der Hammer, ich hab ja schon viele Talente gesehen, aber solche Beine? Spitze! Und der Türke, ich hau mich weg! Eine Riesenidee, das mit dem Türken. Das bringt uns bei denen ganz weit nach vorne. Ich hab ja selber so viele türkische Freunde!"

Ich war, gelinde gesagt, etwas irritiert. Das war ja schön, dass er Biene und Murat gut fand, aber was war mit mir? Ich war doch schließlich der Hauptdarsteller! Ich linste zu Christiane und Imre herüber, doch die beiden Profis verzogen keine Miene.

Timo der Große drehte auf. Er war nicht mehr zu bremsen. „Der Türke, echt 'ne Topidee!" Er schlug die Beine übereinander, lehnte den Kopf sinnierend zurück und nahm einen weiteren, tiefen Zug an seiner Marlboro. Nach einer halben Minute legte er los, die Arme hinterm Kopf verschränkt: „Die Türken, jaja, die Türken. Ich liebe die Türken. Gute Leute. Die ficken ja immer gleich als Erstes in den Arsch!"

Oha, damit hatte ich nicht gerechnet, das kam jetzt doch überraschend. Nicht nur die Assistentinnen am Konferenztisch erröteten und wussten vor Peinlichkeit nicht mehr, wohin sie schauen sollten.

Timo sprach ungerührt weiter. „Wo unsereiner erst als Drittes oder Viertes draufkommt, das macht der Türke gleich als Erstes. Das muss man sich mal vorstellen: Arschficken als Erstes. Zack, bupp, rein – gleich durch die Hintertür. Merhaba, da bin ich! Genial! Da kommt der Deutsche nicht mit, dafür isser zu kopflastig. Zu kontrolliert. Aber der Türke: rums, gleich von hinten. Herrlich, toll!"

Ich wertete das betretene Schweigen im Raum als Zeichen dafür, dass alle anderen Anwesenden das Geschilderte nicht ganz so toll fanden. Es war unglaublich, eine höchst absurde Situation: Sechs Menschen, angewidert von so viel Rassismus gepaart mit jeder Menge Sexismus, versuchten, die Contenance zu wahren. Und einer, den das überhaupt nicht interessierte, plapperte munter weiter.

„Der Türke ist genial, aber der Kiosk muss weg. Niemand will einen Kiosk sehen. Die Beine von der Blonden sind gut, der Kiosk ist scheiße. Wer ist denn auf den Quatsch gekommen?" Er wandte sich Christiane zu: „Weißt du, was wir brauchen, Schatzi? Kampfjets mit gut gebauten Piloten, das brauchen wir! Und die Typen fliegen ins All und – und wenn sie wieder gelandet sind, dann warten vollbusige Blondinen mit Riesendingern und halb offenen Blusen am Hangar ..." Hier legte er eine schöpferische Pause ein, um dann triumphierend in die Runde zu blicken:

„*Top Gun* mit Titten! Das isses, das ist das Ding! *Top Gun* mit Titten, super! Christiane, Mensch, kannst du mir das produzieren?"

Mir war schlecht. Speiübel. Kalter Schweiß stand mir auf der Stirn. Dieser kranke Sexist laberte nicht nur die größte Scheiße, die ich je gehört hatte, nein, obendrein hatte er mit ein paar schwachsinnigen Sätzen mal eben meine Zukunft vernichtet. Ich rannte aufs Klo und machte ein Kötzerchen. Ich war völlig fertig, am Boden zerstört. Zurück im Konferenzraum bekam ich nur noch mit, wie Christiane und Imre sich verabschiedeten.

Auf dem Weg zum Flughafen sprach niemand ein Wort. Ich hätte schreien können. Sie hatten doch dieselbe Scheiße wie ich gehört! Warum waren sie nicht genauso verzweifelt wie ich? Das Projekt war anscheinend tot, wie konnten sie da so ruhig bleiben?

Im Flieger hielt ich es nicht mehr aus. „Sagt mal, ihr beiden, euch scheint das ja nicht sonderlich zu stören. Bin ich der Einzige, den die Serie noch interessiert?"

Sie prusteten los und kriegten sich überhaupt nicht mehr ein.

Mit Lachtränen in den Augen stammelte Imre: „Der Türke, der Türke ... Scheiß auf den Kiosk ... aber der Türke!"

Ich verstand gar nichts mehr. Ich muss wohl ausgesehen haben wie das Turiner Leichentuch, jedenfalls bekam Christiane Mitleid und klärte mich auf. Laut einer Vereinbarung der Columbia mit Pro7 musste der Pilotfilm erst einmal diesem Sender angeboten werden. Die gewiefte Strategin Ruff hatte unsere Sitcom aber schon längst bei RTL gesehen. Dank des Schwachkopfs Timo war nun der Weg frei, die Serie Marc Conrad vorzuschlagen, dem allmächtigen Programmdirektor von RTL. In ihrem Büro in Köln angekommen, schickte Christiane gleich einen Kurier mit der Pilotfolge zu dem Kölner Sender.

Ich fuhr in der Gewissheit nach Hause, dass meine Karriere als Serienstar beendet war, bevor sie richtig angefangen hatte. Mit Galgenhumor dachte ich, dass ich ja wenigstens ein Band mit einer Folge hatte, die ich später meinen Enkeln zeigen konnte. Völlig desillusioniert trank ich mir zu Hause die Rübe zu und taumelte irgendwann ins Bett. Am nächsten Tag eierte ich lustlos vor mich hin, bis nachmittags das Telefon klingelte. Kraftlos nahm ich den Hörer in die Hand.

Christiane war dran: „Na, Atze, vom Schock erholt?"

Ich grunzte unwirsch.

Sie lachte am anderen Ende. „Du kannst dich wieder locker machen, ich habe eine gute Nachricht. RTL hat vorhin eine ganze Staffel *Alles Atze* bestellt. Alles in trockenen Tüchern!"

Ich war sprachlos. Wie hatte sie das denn bloß hingekriegt? Das ist ihr Geheimnis geblieben. Ich weiß es bis heute nicht, will es auch gar nicht wissen. Was ich weiß, ist: Christiane Ruff ist eine der großartigsten Frauen auf der Welt! Und ich danke dem lieben Gott, dass unsere Wege sich gekreuzt haben.

Im Sommer 1999, geschlagene zweieinhalb Jahre nach Christianes legendärem Fax, begannen die Dreharbeiten zur ersten Staffel von *Alles Atze* in den MMC Studios in Köln-Hürth, mit mir als Hauptdarsteller. Nun war wirklich alles in Butter. Dachte ich zumindest.

ALLES ATZE: DIE ERSTE STAFFEL

Ich brannte darauf, ich konnte es kaum erwarten, ich fieberte den ersten regulären Drehtagen „meiner" Serie entgegen. Blauäugig, wie ich nun mal bin, dachte ich, das bisschen Schauspielern sei ein einziger Spaß: eine Art Gute-Laune-Therapie für alle, die gern in Rollen schlüpfen. Jeder hat Bock drauf, und zufällig läuft irgendwo eine Kamera, die aber nicht weiter stört. Endlich konnte ich mal mit anderen Menschen spielen! Auf der Bühne war ich ja Einzelkämpfer, aber im Ensemble würde sich die sogenannte Arbeit auf mehrere Schultern verteilen. Alles war vorhanden: Texte, Kostüme, und mit Ulli Baumann als erfahrenem Sitcom-Regisseur konnte überhaupt nichts schiefgehen. Beleuchtung, Ton, Maske, Produktion – überall Fachleute, die ihr Handwerk verstanden.

In meiner Vorstellung lief ein Drehtag so ab: Gegen 11 Uhr morgens wird man mit einer Limousine zum Studio gebracht. Nach einem ausgedehnten Frühstück ruft der Regisseur „Action!", dann wird gespielt, und ab 17 Uhr ist Feierabend, fertig ist der Fuchs. War ja beim Lesen auch nicht anders. Vorn anfangen, in der Mitte ein Päuschen, abends Buch zuklappen, und dann heißt es: „Wo ist die Party?" Konnte doch alles nicht so schwer sein, wenn Profis am Werk waren. Clever, wie ich war, absolvierte ich bis zum Tag vor dem Drehstart auch noch Tourtermine. Vorbereitung war was für Sensibelchen und Schisser, aber doch nicht für einen Atze Schröder!

Sonntags bekam ich dann den Drehplan für den ersten Produktionstag. Ich stutzte: Die Abholzeit war 6.30 Uhr. Morgens. Äh – was sollte das denn? Um diese Uhrzeit war ich zwar schon durchblutet, aber doch nicht wach! Das letzte Mal war ich so früh aufgestanden, als ich noch zur Schule ging. Aber was sollte es, am ersten Tag konnte man ja eine Ausnahme machen. Bestimmt gab es erst mal eine Einweisung, so eine Art Kennenlerntag. Vorsichtiges Beschnuppern beim Teamfrühstück und so weiter. Klar, das war sinnvoll, dafür einmal zeitig aufzustehen.

Im Studio angekommen, herrschte schon munteres Treiben in allen Abteilungen. Fertig mit Maske und Kostüm stand ich pünktlich um 8 Uhr vor der Kamera, allerdings ohne Frühstück, Kaffee oder Kennenlernen. Ulli Baumann, der Regisseur, kriegte sich vor Lachen kaum ein: Als alter Hase sah er direkt, dass sein Hauptdarsteller von nichts eine Ahnung hatte. Er ließ sich von der Kostümbildnerin eine Polaroidkamera geben, die damals noch benutzt wurde, um die Anschlüsse der jeweiligen Szenen zu dokumentieren. Mit breitem Grinsen machte er eine Aufnahme von mir und sagte: „So, Atze, in drei Monaten fotografieren wir dich noch mal. Ich verspreche dir, dann siehst du aus wie ein Wrack!"

Ich lachte gönnerhaft mit. Und dachte: Laber du nur. Ich konnte ja nicht ahnen, wie hart die Serienschauspielerei ist!

Hauptdarsteller in einer Serie zu sein, hat den großen Vorteil, dass man nicht rausgeschmissen werden kann. Egal, wie schlecht man ist. Der Nachteil ist, dass man der Hauptdarsteller ist. Pro Staffel gab es 65 Drehtage, und davon hatte ich mindestens 63. Zudem war ich in 98 Prozent aller Szenen vertreten.

Bis auf die einstündige Mittagspause wurde den ganzen Tag lang hochkonzentriert gearbeitet. 24 Minuten netto (ohne Werbung) hatte eine *Alles Atze*-Folge, pro Tag versuchten wir, circa fünf Minuten davon zu drehen. Für diese fünf Minuten musste ich jeden Tag zwölf Stunden vor Ort sein. Manchmal auch länger.

Jeden Abend schleppte ich mich nach Drehschluss die Treppen zu meinem Apartment hoch, bestellte mir eine Pizza und zwei Flaschen Bier und lernte anschließend zehn Seiten Text für den nächsten Tag auswendig. Bereits nach einer Woche war ich kräftemäßig so am Arsch, dass ich kaum noch wusste, wer ich war. Ich fühlte mich ausgelaugt, überfordert und vom ständigen Schauspielern emotional ausgepowert. Mir war schleierhaft, wie ich die nächste Woche überleben sollte. Der Punkt war: Es gab es noch weitere elf Wochen zu bewältigen.

Während ich am Wochenende auf dem Sofa lag und immer wieder einschlief, fielen mir die zahlreichen Warnungen wieder ein, die mir Kollegen wie Mariele Millowitsch und Walter Sittler mit auf den Weg gegeben hatten. Die beiden kannten das Geschäft seit Jahrzehnten und wussten nur zu gut, was es bedeutete, eine längere Serie zu drehen – mit der Sitcom *Nikola* waren sie damals schon sehr erfolgreich. Was hatten sie mir nicht alles geraten!

„Ruh dich aus vor Drehbeginn, mach am besten zwei Wochen Urlaub."

Und: „Trink keinen Alkohol."

Und: „Immer schön früh ins Bett!"

Und: „Melde dich für die Zeit bei deinen Freunden ab."

Ich hatte selbstredend nichts davon berücksichtigt. Somit war ich schon nach einer Woche das von Ulli beschriebene Wrack.

Ich fragte mich ernsthaft, wie ich die nächsten Wochen überstehen sollte. Das größte Problem war: Ich war kein

Schauspieler. Ich hatte kein Know-how, und das bedeutete: Ich spielte alles zum ersten Mal. Egal, worum es in einer Szene ging, Wut, Eifersucht, Angeberei, Trauer, Lässigkeit, Verliebtsein, Enttäuschung: Bei jeder Gefühlslage musste ich mir mühevoll vorstellen, wie ich sie spielen wollte. Im wahren Leben weiß man ja gar nicht, dass man gerade überrascht guckt oder seiner Freundin geil hinterherschaut, man tut es einfach. Also fragte ich mich beim Drehen jedes Mal: Wie schaue ich eigentlich lüstern? Wie sehe ich wütend aus? Ich kramte in meinem Kopf permanent nach Möglichkeiten, diese Emotionen zu spielen und sie dabei natürlich aussehen zu lassen.

Nach einigen Wochen war ich dermaßen an der Kante, dass ich zeitweise dachte, ich würde verrückt. Ich konnte kaum noch von Kiosk-Atze in den Privatmodus umschalten. Ich träumte sogar vom Kiosk, und wenn ich nachts schweißgebadet aufwachte, musste ich mich vergewissern, dass ich nicht im Studio war. Ich verlor den Bezug zu meinem realen Ich. Ständig beobachtete ich mich selbst und versuchte, mein natürliches Benehmen aufzuzeichnen. Das wiederum machte eine geistige Erholung unmöglich. Irgendwann wurde mir klar: Wenn ich nicht sofort Schauspielunterricht nahm, würde ich die vielen Drehtage auf diesem ungesunden Energielevel keinesfalls durchhalten.

Im Herbst 1999 war die erste Staffel im Kasten. Ulli hatte recht behalten: Ich sah tatsächlich aus wie ein Wrack. Mir war mein Aussehen aber ziemlich egal, ich war einfach nur froh, die Tortur mental halbwegs heil überstanden zu haben. Mein Körper sah nach drei Monaten Pizza mit doppelt Käse und Bier etwas moppelig aus. Gott sei Dank konnte ich die zusätzlichen Pfunde aber auf der direkt anstehenden Live-Tour mit 180 Auftritten wieder zügig abtrainieren ...

Während ich die Abende im Sommer 1999 Pizza mampfend in meiner Kölner Wohnung verbrachte, tobte im echten Leben, irgendwo da draußen in der Realität, der unkontrollierbare Wahnsinn. Unvergessen bleibt ein Fußballspiel, das im Fernsehen übertragen wurde und mich zunächst kaum berührte.

Ich lag vollgefressen und erschöpft auf dem Sofa und schaute dem Champions-League-Finale zu: FC Bayern München gegen Manchester United. Am Ende lagen die Bayern mit 1:0 vorn und hatten scheinbar alles im Griff. Selbst Mario Basler hatte während des Spiels keine Zigarette geraucht und darüber hinaus sogar nach fünf Minuten und fünf Sekunden das Führungstor für die Bayern geschossen. Ein genialer Freistoß, für den er Gott sei Dank nicht rennen musste. Mit viel Glück und gutem Willen eierte die Pille an der Manchester-Mauer und Torwart Peter Schmeichel vorbei ins Netz der Engländer. So begünstigt, ließen die Bayern bis zur 89. Minute nichts anbrennen. Im Gegenteil! Selbst auf der Bank glaubte man an den Erfolg und machte sich bereit für eine überschäumende Siegesfeier.

Dann passierte das Unglaubliche. Während Ottmar Hitzfeld in der 90. Minute etwas abwesend war, vielleicht, weil er gerade eine schlüpfrige SMS von seiner feurigen Brasilianerin bekam, schossen meine tapferen Freunde aus Manchester nicht nur den Ausgleich, sondern in der 91. Minute auch den Siegtreffer! Plötzlich war ich hellwach. Ich tobte vor Begeisterung auf meinem Sofa und konnte mein Glück nicht fassen. Zwei Buden in einer Minute und ein paar Sekunden, zack, bum, bäng! Die Bayern-Spieler waren total am Boden, überall nur enttäuschte Gesichter. Gut, für meinen Freund Scholli tat es mir natürlich leid. Er hatte überragend gespielt, und der Rest der Mannschaft hatte ganz wacker mitgespielt. Aber Fußball ist nun mal ein Ergebnissport. Der Kamera-Zoom in Uli

Hoeneß' verbittertes Pfannkuchengesicht entschädigte mich für die enervierende Bayern-Dominanz im sonstigen Verlauf des Jahres. Lothar Matthäus muss sich dagegen bis heute von mir vorwerfen lassen, bei dem Spiel keine volle Leistung erbracht zu haben. Aus Enttäuschung darüber, vermute ich, hat er insgesamt fünfmal geheiratet.

Den Vorwurf, nicht alles gegeben zu haben, konnte man dem amerikanischen Präsidenten in dem Jahr nicht machen. „Horny Bill" hatte in seinem Oral Office alles im Griff. Gnadenlos machte er die Räume eng. Natürlich nicht mit seiner Frau Hillary, auch nicht mit der feurigen Brasilianerin von Ottmar Hitzfeld, sondern unter anderem mit Moni L., seiner pausbäckigen Praktikantin, deren bestes Kleid er auch noch mit seiner schmuddeligen DNA besudelte. In seinen Augen eine Art Kavaliersdelikt, das man auf keinen Fall als Sex bezeichnen durfte. Diese waghalsige Argumentation überzeugte selbst Hillary. Derart von der Unschuld ihres Mannes überzeugt, blieb sie brav an seiner Seite und versuchte später, selbst ins Weiße Haus zu ziehen.

Ich bekam von alldem nur wenig mit, da ich mit meiner Schauspielerei voll und ganz ausgelastet war. Selbst den Krieg, der in Jugoslawien tobte, nahm ich nur am Rande wahr. 1999 war das erste Jahr von vielen, in denen ich bis auf wenige Tage ausschließlich für die Karriere malochte. Dreihundert Arbeitstage und mehr – heute ist es mir ein Rätsel, wie ich das durchhalten konnte.

Als neues Mitglied der RTL-Familie wurde ich im August zur Programmpressekonferenz eingeladen, um der versammelten Medien- und Werbelandschaft höchstpersönlich von den aufregenden Dreharbeiten zu *Alles Atze* zu berichten. Wir mussten für diese Veranstaltung extra einen Drehtag verlegen, aber für dieses wichtige Event machte man natürlich alles möglich. Unglaublich: Neben anderen TV-Formaten wurde hier auch eine für Deutschland völlig neue Art von Quizsendung vorgestellt. *Wer wird Millionär?* hieß das Ding, moderiert von dem damals schon recht bekannten Moderator Günther Jauch. Dem Publikum war Jauch damals hauptsächlich aus Sendungen wie *Na siehste!*, dem *ZDF Sportstudio* oder dem Fernsehmagazin *Stern TV* bekannt.

Als der Trailer zu *Wer wird Millionär?* lief, war mir völlig klar, dass diese dämliche Quizshow kein halbes Jahr überleben würde. Wenn überhaupt! Eine Schlaumeiersendung, und das bei RTL, ja nee, is klar. Was für eine dumme Idee! Und was soll ich sagen? Ja, bitte, in dem einen Fall lag ich eben einmal daneben. Gut: total daneben. Günther Jauch ist mittlerweile der beliebteste Deutsche und hat von seiner fetten Gage drei Viertel von Potsdam aufgekauft. Entschuldigung, Günther – wahrscheinlich ganz Potsdam. Er ist sogar so beliebt, dass er schon als Bundespräsident im Gespräch war. Vermutlich wäre er auch gewählt worden, wenn er das durchgezogen hätte. Jeder, den ich kenne, hat nach einer persönlichen Begegnung mit Jauch gesagt, dass der ein ganz netter Typ sei. Dem kann ich mich nur anschließen. Aber immer schön der Reihe nach.

Anfang Januar 2000 wurde es spannend: Die Erstausstrahlung von *Alles Atze* bei RTL stand an. Im Vorfeld hatte es jede Menge Promotion-Termine gegeben, und ich wollte mal raus aus der Mühle. Nach dem zweiten Weihnachtstag war ich deswegen für zwei Wochen Urlaub zu meiner Schwester Anne in die USA geflogen. Dort wollte ich mit der Familie abseits der üblichen vier Wände das Millennium-Silvester erleben.

Meiner Schwester hatte ich natürlich von meiner Serie erzählt, sodass sie und ihre amerikanischen Freunde mit mir dem Serienstart entgegenfieberten. In Amerika ist das Thema Sitcom ja noch viel wichtiger als in Deutschland: Für amerikanische Stand-up-Comedians ist eine eigene Sitcom entweder die Krönung der TV-Karriere oder das Sprungbrett für eine internationale Laufbahn. *Seinfeld, Roseanne, King of Queens, Der Prinz von Bel-Air* – wer eine gute Serie am Start hat, hat es viel leichter, zum Superstar aufzusteigen.

Als der große Tag gekommen war, veranstaltete meine Schwester sogar eine Party. Ich hatte eine Videokassette mit zwei Folgen dabei. Nach einem kleinen Umtrunk versammelten sich alle Familienmitglieder und ein paar amerikanische Gäste um den Fernseher. Natürlich liefen die Folgen auf Deutsch, und die Amis verstanden kein Wort. Typischerweise freuten sich aber alle trotzdem ein Loch in den Bauch und lachten einfach mit, wenn meine Schwester oder ich lachten. Wohlmeinende Kommentare untermauerten ihre Empathie:

„It looks so funny!"

„Your German sounds so good!"

„Your girlfriend is soooooo hot!"

Super Stimmung, tolle Serie! Dass die Einschaltquoten sensationell sein würden, erwartete nicht nur RTL, sondern auch ich, da gab es keinerlei Zweifel. Drei Monate vorher war auf diesem Sendeplatz *Ritas Welt* mit Gaby Köster gestartet und hatte beim Publikum eingeschlagen wie eine Bombe. Genau das erwartete ich auch für unser lustiges Machwerk.

Als ich am nächsten Morgen über Teletext die Marktanteile von *Alles Atze* checkte, blieb mir die Spucke weg. Allerdings nicht vor Freude. Mit so einem schlechten Ergebnis hatte niemand gerechnet, am wenigsten ich: circa 22 Prozent in der relevanten Zielgruppe. Mit anderen Worten – ein Desaster. Klassisch abgekackt! Mit einer Quote von 22 Prozent würde man heutzutage wie ein TV-König gefeiert, damals reichten solche Zahlen allerdings nur für den Loser der Woche. Ich war am Boden zerstört. Diese verdammte Serie! Konnte denn nicht einmal etwas reibungslos ablaufen?

Im Sender waren die Verantwortlichen natürlich auch nicht begeistert. Es wurde nicht lange gefackelt: Ende Januar beschloss RTL, die Serie wegen Misserfolgs einzustellen. Als alter Kaufmann hatte ich Gott sei Dank eine schöne Abfindung vereinbart, wenigstens etwas, denn ich war wirklich betrübt.

Ich litt in diesen Wochen wie ein Hund. In *Alles Atze* steckte schließlich mein Herzblut. Anfang Februar flog ich mit meiner Perle zum Wandern nach Teneriffa, wo ich mir Gedanken machen wollte, wie ich mit der Niederlage umgehen sollte. Glücklicherweise blieb mir ja noch die Ochsentour als Komiker über deutsche Bühnen. Dann eben „Broadway the hard way"! Dennoch saß der Stachel der Enttäuschung tief. Ich hatte fest an die Serie geglaubt, und durch das Drehen war mir der Serien-Atze echt ans Herz gewachsen. Während ich vorher keine rechte Vision für meine Bühnenfigur gehabt hatte, hatten mir die Dreharbeiten klargemacht, wie viele Facetten es in der Atze-Welt noch gab. Vor der Serie war ich Atze Schröder gewesen, der die gesammelten Sprüche aus seinem realen Leben verwurstet hatte. Durch die Erschaffung des Atze-Kosmos war ich nicht weiter auf meine eigenen Erlebnisse angewiesen, um Comedy zu machen: Die Figur Atze Schröder konnte von nun an jede gesellschaftliche Strömung aufnehmen, betrachten und kommentieren. Diese Ansichten mussten auch nicht zwangsläufig meine privaten sein.

Während wir also durch den grünen Norden Teneriffas wanderten und ich meinen Gedanken nachhing, klingelte plötzlich mein Handy. Es war Christiane Ruff. Oh Gott, die Produzentin, was wollte sie nur von mir? Die Lage war doch schon schlimm genug! Wollte man die Abfindung zurück?

Doch nein, quietschfidel sprudelte Christiane los: „Atze, halt dich fest und setz dich hin, wir sind wieder im Rennen! Die Quote ist top."

Mehr konnte ich nicht verstehen, weil der Empfang unterirdisch war. Schnell schickte ich eine SMS: „Melde mich später!" Ich war total verwirrt. Was hatte das zu bedeuten, „Die Quote ist top"? Bloß nicht zu früh freuen, dachte ich. Konnte das möglich sein? War aus der Niederlage doch noch ein Sieg geworden? Und wenn ja, was bedeutete das konkret? Was hätte ich davon? Fragen über Fragen! Ich beschloss, den Ball flach zu halten und alles in Ruhe zu klären.

Aus dem Hotel rief ich Christiane dann zurück. Tatsächlich hatte sich der Wind gedreht: *Alles Atze* kam auf einmal super beim Publikum an und feierte Quotenerfolge! Warum und wieso kann bis heute keiner so richtig erklären. Vielleicht mussten die Zuschauer erst mal begreifen, was da im Kiosk vor sich ging, ihr Ticket für die Atze-Welt lösen? Eine Theorie habe ich: Die Serie spielt im bevölkerungsreichsten Bundesland der Republik, genauer gesagt im Ruhrgebiet, einem Schmelztiegel für Millionen Menschen. Praktisch wie New York, nur erheblich witziger! Im Ruhrgebiet kennt eigentlich jeder einen Typen wie Atze Schröder. Einen kleinen vorlauten Schaumschläger, der sich zwar permanent durchwurstelt, aber immer einen auf dicke Hose macht. Der selbsternannter König in seiner Straße ist, ein kleiner Kiez-King, der allen großspurig die große, weite Welt erklärt, für alles den richtigen Spruch hat und notfalls die von ihm verzapfte Scheiße so poliert, dass sie wie Gold aussieht. Immer die geilsten Weiber, immer Top-Checker – ja nee, is klar! Deutschlandweit mussten die Zuschauer das wahrscheinlich erst mal verstehen.

Ein anderer Erklärungsansatz, der mir auch sehr schlüssig erscheint, stammt vom schlauen Johannes Rotter, der in der Serie den Polizisten spielte. Ihm zufolge ist *Alles Atze* eine intelligente Variante des klassischen Kasperletheaters, mit Atze als Kasperl, Biene als Gretel, Murat als Seppel, einem treudoofen Polizisten und Opa Pläte als böses Krokodil. Bewährtes Format mit altbekannter Wirkung also. Eine Folge haben wir tatsächlich mal mit solchen Puppen gespielt, die extra angefertigt wurden.

Wie auch immer – für mich war damals nur wichtig, dass wir weitermachten, dass RTL die Absetzung der Serie zurücknahm. Genau das hatte mir Christiane am Telefon prophezeit. Dass der Kiosk mal zu einem Fernsehklassiker werden würde, ahnte damals aber noch keiner, nicht mal Christiane Ruff. So ist es halt: Wenn einer wüsste, wie man todsicher einen Hit landet, hätte man diese Person sicher schon in Gold aufgewogen.

DER COMEDY-BASTARD

Komischerweise wirkte der Erfolg der Sitcom sich kaum auf den Kartenvorverkauf für meine nächste Livetour aus. Einen großen Vorteil gab es allerdings: Ich wurde in die populärsten TV-Shows eingeladen, denn plötzlich war ich ein begehrter „A-Promi". Vorbei die Zeiten, in denen mein Manager Klinken putzen musste, um mich in Sendungen zu platzieren. *Die Harald Schmidt Show, Wetten dass …?, Die Wochenshow* oder *7 Tage, 7 Köpfe* – sag was, ich war dabei! Ich wurde zum Dauergast in deutschen Wohnzimmern. Zu meiner Überraschung wurde ich sogar in politische Talkshows eingeladen. Dort lernte ich enorm viel über die Unterhaltungsbranche. Speziell einen WDR-Talk zur Wahl in Nordrhein-Westfalen werde ich nie vergessen.

Die Landtagswahl fand im Mai 2000 statt. Im Vorfeld waren Vertreter:innen der Parteien dementsprechend häufig im TV zu sehen. Der Plan der WDR-Redaktion war simpel: In der Talkrunde sollten nur Politiker sitzen – und als Stimme des Volkes natürlich ich! Im Nachhinein muss ich selbst schmunzeln, dass man ausgerechnet mich ausgesucht hat. Als die Redaktion mich vorab fragte, welcher Beruf denn bei mir eingeblendet werden sollte, hatte ich augenzwinkernd geantwortet: „Volksheld!" Nun ja, die Ironie kam wohl nicht richtig rüber.

Am Abend der Live-Talkrunde in Köln stand ich pünktlich neunzig Minuten vor der Show mit frischer Jeans und gebügelter

Unterhose im Cateringraum des Studios. Nach und nach trudelten die Politiker ein. Nur einer fehlte bis kurz vor der Sendung: Jürgen W. Möllemann, seinerzeit umtriebiger, mit allen Wassern gewaschener Quälgeist der FDP. Fünfzehn Minuten vor Beginn traf er endlich ein und war schon direkt auf Flughöhe. Er schnappte sich eine Flasche Weißwein vom Buffet und schenkte sich ein. Während er die neuesten Witze erzählte und die politische Runde zum Lachen brachte, haute er sich die komplette Flasche tatsächlich noch vor der Sendung rein. Er hatte eine Pointe nach der anderen parat, die Politbande johlte vor Vergnügen. Völlig hemmungslos streute er dann noch ein paar intime Details zur WestLB-Flugaffäre unters Volk. Das wunderte mich nicht: Er war zuvor schon mit dem selbstbewussten Zitat „Am 14. Mai sind Landtagswahlen, das wird der teuerste Tag in der Geschichte der WestLB. Da fliegt nämlich nicht nur ein Minister, da fliegt eine ganze Landesregierung!" in aller Munde gewesen.

Die Aufzeichnung der Talkshow begann, und zu meinem Erstaunen schalteten die Damen und Herren ansatzlos in den Berufspolitikermodus. Von Jovialität und Witzchen keine Spur mehr! Stattdessen: staatstragende Dampfplauderei mit vielen hohlen Phrasen. Na gut, dachte ich mir, dann liefere ich mal eine gute Vorlage.

„Tja, Herr Möllemann, die WestLB-Flugaffäre wird sicher einige Kopf und Kragen kosten, nicht wahr?" Ich zwinkerte ihm verschwörerisch zu und erwartete sein Ablegemanöver.

Was dann folgte, verbuche ich heute unter Masterlektion. Möllemann konterte eiskalt, mit ernstem Gesicht und juristisch belehrend.

„Herr Schröder, ich rate Ihnen dringend, von nicht bewiesenen Anschuldigungen Abstand zu nehmen. Unsachgemäße Vermutungen helfen hier keinem weiter!"

Ich erschrak. Seine Botschaft an mich war klar: Halt den Mund, kleiner Komiker. Hier sitzen Profis, das ist nicht das Kinderparadies von Ikea!

Dank Möllemanns Wirkungstreffer fühlte sich der Rest der Truppe herzlichst eingeladen, mich tadelnd abzuwatschen. Parteiübergreifend sozusagen. Selbst Bärbel Höhn von Bündnis 90/Die Grünen, die ich eigentlich wählen wollte, sagte nach einem Gag von mir, dass sie nun wirklich keine Zeit hätte, sich meine plumpen Witze anzuhören. Na toll! Ich sank schneller als die Titanic und hielt für den Rest der Sendung vorsichtshalber die Klappe.

Kaum waren die Kameras aus, rissen sich alle ihre Mikrofone vom Sakko, und es ging wieder ins Catering. Bei bester Laune machte die Politikmischpoke dort weiter, wo sie vor der Sendung aufgehört hatte. Weinselig wurden unflätige Witze, flache Zoten und schlüpfrige Details über diejenigen heraustrompetet, die sie eben in der Show noch seriös verteidigt hatten. Auch ich war wieder herzlich willkommen in der Runde. Meine Oma hätte gesagt: „Pack schlägt sich, Pack verträgt sich." Das war eine einschneidende Erfahrung. Danach bin ich nie wieder in eine politische Talkshow gegangen.

Meine frisch gewonnene Erkenntnis war: Schuster, bleib bei deinem Leisten! Schon in der darauffolgenden Woche war ich erstmals Gast in der *Harald Schmidt Show*. Dort hinzukommen, war für Komiker gar nicht leicht, da Harald eigentlich alle (außer sich selbst) nur mäßig talentiert und langweilig fand. Aufgrund meiner Popularität war es dann aber soweit – ich wurde offiziell eingeladen. Mir gefiel das sehr, es schmeichelte mir, es war ein Ritterschlag, dort aufzutreten! Als ich backstage in meiner Garderobe saß, ging mir dann aber doch der Stift. Man konnte Harald und seine aktuelle Laune einfach nie richtig einschätzen. Wenn der Meister einen – aus welchen Gründen auch immer – nicht mochte, konnte er seinen Gast mit einem einzigen Satz vernichten. Darauf hatte ich natürlich keinen Bock, ich wollte lieber glänzen und Spaß mit ihm haben.

Und schon ging es los. Bandleader Helmut Zerlett drückte die Pfoten tief in seine Hammondorgel, Harald sagte mich in blumigen Worten an. Mit weichen Knien marschierte ich auf den Schreibtisch zu und nahm breitbeinig auf dem Sessel Platz. Harald war sichtlich amüsiert über meine selbstbewusste Flegelhaftigkeit. Ich versuchte gar nicht erst, den Meister mit schleimigen Sprüchen zu hofieren, sondern brachte einfach stumpf meine besten Gags im Gespräch unter. Das honorierte das Publikum mit Gelächter, und Harald war auch angetan. Erstens, weil er sowieso wenig bis kein Interesse an seinen Gästen hatte, und zweitens, weil der Gast gerade die Arbeit erledigte. Außerdem war sein Verständnis von Late-Night-Shows amerikanisch geprägt. In Amerika ist völlig klar, dass der Studiogast sein Projekt promotet und zu diesem Zweck pointierte Storys im Gepäck hat.

Nach der Show kam Harald zu mir in die Garderobe, um sich kurz zu bedanken. Als alter Bühnenhase empfand er wahrscheinlich eine gewisse Nähe zu mir als Live-Komiker.

„Atze, super! Du hast dem Publikum genau das gegeben, was es will. Die Leute wollen lachen und nicht noch Politik hören. Es interessiert sie mehr, wie Bayern München gespielt hat."

Ab da war ich Stammgast in seiner Show und fühlte mich jedes Mal sauwohl. Das Konzept „Ich mach mein Ding, egal, was gefragt wird" behielt ich auch in anderen Shows bei. Ich versuchte immer, ein paar sichere Gags aus meinem Programm unterzubringen. Das kam beim Fernsehpublikum besser an als neunmalkluges Gelaber über die aktuelle gesellschaftliche Situation. Und da ich dieses Verhalten auch auf der Bühne an den Tag legte, stiegen die Ticketverkäufe irgendwann doch rasant an. Die Hallen, in denen ich auftrat, wurden immer größer. Alles entwickelte sich sensationell: Ich hatte erste Werbedeals, war TV-Dauergast, und die Eintrittskarten für meine Tourneen verkauften sich wie geschnitten Brot. Ich sonnte mich in meiner Popularität. Es kam ordentlich Kohle rein, alle rissen sich um mich. Es hätte nicht besser laufen können!

Sorgen machte mir nur der gesundheitliche Zustand meines Agenten Arndt. Zur Echo-Verleihung 2001 im ICC in Berlin reisten wir gemeinsam an. Auch Töne, der damals für die Agentur arbeitete, war wie immer an meiner Seite.

Zum damaligen Zeitpunkt war die Echo-Verleihung noch eine glamouröse Veranstaltung. Internationale Stars gaben sich die Ehre, wo heute ein aufgescheuchter Hühnerhaufen um Aufmerksamkeit bettelt. Ich werde nie vergessen, wie ich plötzlich mit der Latin-Lover-Ikone Ricky Martin im Aufzug stand. Toller Typ, übrigens sehr klein und mit großporiger Mischhaut. Ich drückte für ihn den Knopf für die dritte Etage und muss sagen, dass er wirklich superfreundlich und charmant war. Janet Jackson begegnete mir augenzwinkernd am Buffet. Ich könnte noch reihenweise mehr Stars aufzählen, beschränke mich aber mal auf einen, der mich an dem Abend wirklich mächtig beeindruckt hat: Thomas D von den Fantastischen Vier. Heute eher charmante Rentner-Rapper, waren die Jungs damals wirklich heißer Scheiß! Was Thomas angeht, ist es wirklich unglaublich, was er für eine charismatische Ausstrahlung hat. Ich war ja noch relativ neu in der A-Liga, sozusagen der Rookie. Thomas kam jedenfalls gleich mit gewinnendem Lächeln auf mich zu und sagte: „Grüß dich, Atze, wollen wir mal einen Kaffee zusammen trinken?"

Das hallt bis heute in mir nach – so etwas ist einfach selten in einer von Eitelkeiten geprägten Branche.

Später versackte ich noch mit Anastacia und ihrer Mutter in der Sektbar. Sie hatte gerade mit „I'm Outta Love" einen veritablen Hit in den Charts. Also Anastacia, nicht ihre Mutter. Sie und ihre Mama waren hinreißend sympathisch und unprätentiös. Da ich schon mächtig einen im Schlappen hatte, versuchte ich, gleich beide anzubaggern. Ein Riesenspaß, danach war ihre Mutter nur leider zu müde ... Noch heute liegen wir uns lachend in den Armen, wenn wir uns irgendwo begegnen.

Als ich am nächsten Morgen vor meiner Zimmertür im Hotel Interconti wieder zu Bewusstsein kam, stand mein sichtlich mitgenommener Agent vor mir. Ich war augenblicklich hellwach.

„Hey, Arndt, was ist los? Du siehst echt nicht gut aus!"

Damit hatte ich noch untertrieben. Schweißgebadet und am ganzen Körper zitternd stand dieser Bär von einem Mann vor mir.

„Atze, mir geht's nicht gut. Ich muss zum Arzt!"

Selbst in meinem desolaten, verkaterten Zustand war nicht zu übersehen, dass es ihm beschissen ging.

Ich beschwichtigte ihn: „Fahr du mal in Ruhe zum Arzt und werd erst mal wieder gesund. Töne ist ja hier, da brennt nix an."

Seine eigene Vermutung bestätigte sich, und kurze Zeit später stand ich ohne Agent da.

Angebote von etablierten Agenturen hatte ich reihenweise, aber in mir reifte eine andere Idee. Nach meinen Erlebnissen in der Geschäftswelt wie auch in der Showbranche waren Erfahrung, Ehrgeiz und Ehrlichkeit die wichtigsten Charaktereigenschaften, die ein erfolgreicher Mensch haben musste.

Nach einer Woche intensiven Überlegens fiel es mir wie Schuppen aus den Haaren: Töne war der Richtige! Er brachte alles mit, was man braucht, um ein guter Manager zu sein. Er arbeitete seit Jahren für die Agentur. Er hatte bei unzähligen Jobs – auf Tourneen von Rüdiger Hoffmann, Till & Obel und selbstverständlich auch The Proll – im Drachenblut der Branche gebadet. Vor Ort war immer er der Mann gewesen, der sich um alles gekümmert hatte. Er hatte für reibungslose Abläufe gesorgt und war absolut schussfest. Zudem war er bei allen beliebt und die ehrlichste Haut im Sonnensystem, die ich kannte.

Natürlich war mir klar, dass er noch viel lernen musste, aber für mich stand außer Frage, dass er der Richtige war. Der Kerl hatte die Energie von fünfzig Atombomben, war absolut loyal und bereit, für mich durchs Fegefeuer zu reiten. Und richtig: Auf meine Frage, ob er mein neuer Manager werden wolle, antwortete er freudestrahlend: „Wenn du mir die Chance gibst, dann geh ich für dich durch die Wand!"

Heute kann ich aus tiefstem Herzen sagen, dass dies eine der besten Entscheidungen meines Lebens war. Töne und ich sind heute mehr als nur Freunde. Unsere Verbundenheit kann man nicht mit Worten beschreiben – es ist ein Band, das nie zerschnitten werden kann.

Mit Töne kam der Turbo in meine Karriere. Der große Vorteil war von Anfang an, dass wir bestens miteinander vertraut waren. Er hatte ja schon an vielen Atze-Nummern mitgeschrieben. Wie schon erwähnt, ist die ganze Porsche-911-Geschichte nur seiner Leidenschaft für diese Marke geschuldet, mir selbst war Porsche schon immer keksegal.

Was wirklich neu war: Tönes überbordende Kreativität kam mir nicht nur im Programm zugute, sondern erwies sich auch in geschäftlichen Dingen als äußerst vorteilhaft. Der

Comedy-Boom explodierte gerade. Alle TV- und Radiosender suchten nach Inhalten. Da ich im Fernsehen schon präsent war, entwickelte Töne zusammen mit Radio NRW jetzt ein tägliches Atze-Format. Das Ganze nannte sich *Atzes Kaltstart*.

Die kurzen, humoristischen Folgen brachten mir Hunderttausende neuer Fans – immerhin war Radio NRW ein Dachverbund für mehr als vierzig Hörfunkstationen, die von der Zentrale in Oberhausen mit einem Rahmenprogramm versorgt wurden. Gleichzeitig kooperierten wir mit anderen großen Radiosendern, um die Atze-Welt deutschlandweit unters Volk zu bringen. Oft tauchte ich in den Morningshows auf. Was für eine Ochsentour! Als Konsument macht man sich ja keine Gedanken darüber, was die Moderatorinnen und Moderatoren des Frühprogramms alles auf sich nehmen, damit die Nation in aller Herrgottsfrühe mit News und Musik versorgt ist. Die meisten stehen um 3 Uhr morgens auf, bereiten sich auf ihre Sendung vor und ziehen dann vier Stunden volles Programm knallhart durch. Ich habe den allergrößten Respekt vor dieser Arbeit. Ich weiß, wie viele Menschen ihre vertraute Radiostimme am Morgen hören und wie viel Kraft sie ihnen für den Tag gibt.

Morningshows sind schnell. Da muss alles komprimiert über den Äther gehen. Kein langatmiges Gesülze, kein unproduktives Gelaber! Das hieß: In den zwei bis drei Minuten, die man hatte, musste man möglichst viele Einfälle unterbringen. Also achteten Töne und ich auf eine hohe Gagdichte. Als wir das in meinen Texten perfektionierten, wurde ich eine berüchtigte Pointenorgel. Mit Tönes Unterstützung entwickelte sich die Bühnenfigur Atze zu einer comichaften Sprüchemaschine, die alle 45 Sekunden einen Gag zündete. Hier im Buch lässt sich das nur unzureichend wiedergeben, aber auf YouTube findet ihr unzählige Beispiele. Es war laut, schrill, derbe. Und vor allem saulustig.

Natürlich polarisierte ich mit diesem Stil: Ein schmerzfreies Großmaul mit Locken, Cowboystiefeln und unerschütterlichem Selbstbewusstsein kann nicht von allen geliebt werden, ganz klar! Die einen liebten mich, die anderen hassten mich. Das entspricht bis heute meiner Vorstellung von guter Comedy. Ich verstehe sogar den angewiderten Bildungsbürger mit seiner Verachtung für so einen Typen: „Als ob der Penner sich einen Porsche leisten könnte! Welche Frau soll denn auf dieses Pudelköpfchen abfahren? Das sind doch alles nur sexistische Zoten!"

Tja, was soll ich sagen: Genau das war meine Intention. Wenn ich heute mit Till Hoheneder an neuen Texten arbeite, frage ich immer: „Was würde Atze denn jetzt machen?"

Dann sagt Till: „Keine Ahnung, fragen wir ihn mal!"

Meistens lachen wir da schon wieder. Ein Riesenspaß! Die Atze-Fans lieben ihren Helden für seine Aufsässigkeit gegenüber Obrigkeiten, seine Respektlosigkeit, seine Anarchie. Trotz aller Sprücheklopferei hat dieser Prolet eben ein großes Herz. In Situationen, in denen der Normalbürger oft sprachlos ist, hat Atze immer den richtigen Spruch auf Lager. Übrigens geht es mir privat auch oft so, dass ich nicht weiß, was ich sagen soll, wenn sich an der Supermarktkasse ein renitenter Rentner dreist vordrängelt. Da muss ich auch erst mal den Bühnen-Atze fragen.

Fakt ist: Anfang der Zweitausenderjahre räumte ich richtig ab. Volle Hallen, dauernd im Fernsehen, morgens im Radio – der Comedian Atze Schröder war omnipräsent. Ohne meinen neuen Manager hätte ich sicher auch ganz nett Karriere gemacht, aber mit ihm wurde sie außergewöhnlich. Wie schon gesagt, als Töne übernahm, zündete er einen Turbo. Was ich nicht ahnte: Herr Stallmeyer zündet jeden Tag einen. Unablässig tritt er seine Projekte nach vorn. Und da ich sein erster Künstler war, wollte er mir obendrein noch beweisen, dass ich auf das richtige Pferd gesetzt hatte. Wir telefonierten bis zu zehnmal am Tag. Auch das war ein Baustein für den Erfolg: totale Abstimmung, jeder Tag war ein fortlaufendes Brainstorming rund um die Marke „Atze Schröder".

Nicht, dass hier ein falscher Eindruck entsteht: Ich wollte auch unbedingt auf den Gipfel. Ich stellte aber mit Erstaunen fest, mit welch unbändiger Energie Töne das Projekt vorantrieb. Irgendwann war aus dem Zauberlehrling ein Großmeister geworden. Oder anders formuliert: Der Geist war aus der Flasche und machte allen klar, dass er nie wieder dorthin zurückkehren würde!

Zeitweise kostete es mich eine Wahnsinnsenergie, das von uns beiden abgesegnete Pensum zu erfüllen. Wir donnerten in unserem Turbo mit über 280 km/h auf der Überholspur dahin. Irgendetwas in mir ahnte schon in diesen Tagen, dass ich dafür mal einen Preis zahlen würde. Bei dreihundert Jobs im Jahr stand ich unter Strom. Ich lebte 2000 bis 2007 überwiegend in Hotels, und wir nahmen alles mit, was ging. Ich erinnere mich zum Beispiel an einen Tag, an dem ich morgens schon einen Dreh für eine RTL-Show hatte. Nachmittags trat ich in Köln in der ARD-Quizshow *Frag doch mal die Maus* auf, abends spielte ich mein Bühnenprogramm in Frankfurt und spätnachts stand eine Gala für die Telekom in Bochum an. Zu allem Überfluss feierten Töne und ich dann noch eine After-Show-Party an der Hotelbar des Savoy in Köln. Bis in die frühen Morgenstunden. Genial, aber vielleicht zum falschen Zeitpunkt, denn der nächste Tag war nicht minder busy.

Zeit für Privates gab es kaum noch. Meine Perle plante mich schon gar nicht mehr mit ein. Sie freute sich einfach, wenn ich mal zwei Tage am Stück zu Hause war. Ich glaube, ich habe in meinem Leben mehr Zeit mit Töne verbracht als mit irgendeinem anderen Menschen.

Das Faszinierende an Töne war seine Wirkung auf andere, vor allem selbst ernannte wichtige Geschäftsleute. Sie unterschätzten den kleinen Rothaarigen! Den Fehler machten sie fast alle. Sie dachten, der langhaarige Freak mit den kaputten Chucks und den ausgewaschenen Hoodies wäre kein ernst zu nehmender Gegner, ein Fliegengewicht mit großer Klappe. Was soll ich sagen: Ich habe sie alle untergehen sehen.

Töne ist im Kopf unfassbar schnell, hat überhaupt keine Angst vor Konflikten und ist stets bereit, für seine Künstler eine Extrameile durchs Feuer zu gehen. Seine unorthodoxe Art, Probleme zu lösen, ist legendär. Ich möchte da nur an seine Idee erinnern, „Die drei ???" auf Tournee zu schicken. Alle haben ihn ausgelacht! Eins von zig Argumenten war: „Ein Hörspiel kann man doch nicht auf die Bühne bringen!" Aber Töne zog durch, überzeugte die Originalsprecher, strafte mit einer ausverkauften Tour alle Zweifler ab und feierte mit der Produktion Triumphe. Er lässt sich eben durch nichts beirren und geht mit Chuzpe ans Werk, sodass Geschäftspartner, die ihn über den Tisch ziehen wollen, am Ende immer zusammengefaltet unterm Tisch sitzen. Andererseits können sich die guten Leute im Geschäft zu tausend Prozent auf ihn verlassen. Ein „Ja" ist ein Ja und „Nein" heißt Nein.

Ich machte es mir oft einfach, sagte gerne zu und ließ Töne später die Kastanien für mich aus dem Feuer holen. Da ich in meiner Harmoniesucht eigentlich immer nur Ja zu allem und jedem sage, hatte Töne viel zu tun, die Dinge in Ordnung zu bringen. So hat er oft den Ärger abgefangen, den eigentlich ich zu verantworten hatte. Ich weiß, was ich ihm zu verdanken habe.

Einmal habe ich ihn für ein paar Tage eingeladen, mit mir nach Mallorca zu fliegen. Nichts Besonderes, wir wollten kein Chichi. Gebucht wurde ein billiges Dreisternehotel in Arenal, ein Zimmer mit Doppelbett. Wir verdienten zwar im großen Stil, waren aber noch immer die Dorfjungs, für die ein Hotel hauptsächlich sauber sein musste. Warum auch zwei Zimmer? Wir wollten ja nur da pennen!

Am zweiten Abend unseres Billigurlaubs hatten wir beide an den Theken von Arenal wieder Gas gegeben. Wir erwachten mit einem ziemlichen Schädel in unserem Doppelbett. Ich hatte sehr realistisch geträumt, dass ich Töne in der Nacht zum gemeinsamen Sex überredet und ihn an einigen Stellen des gemeinsamen Abenteuers reichlich rangenommen hatte, um es mal vorsichtig auszudrücken. Das Dumme war nur: Ich war mir nicht sicher, ob das ganze Theater nur ein Traum gewesen war.

Was nun? Ich konnte Töne ja schlecht fragen: „Wie hat dir denn mein purpurbehelmter Liebeskrieger gefallen?" Um Himmels willen, nein! Es war nicht zum Aushalten.

Zu meinem großen Unglück war Töne sehr ruhig an diesem Morgen und vermied den direkten Augenkontakt. Ich konnte die ganze Zeit nichts anderes denken als: Scheiße, Alter, was hast du getan? So ein verdammter Mist. Warum ist der bloß so still? Ich schwitzte Blut und Wasser. Töne blieb den ganzen Tag über wortkarg, ich starb innerlich tausend Tode.

Nachmittags am Strand fasste ich mir ein Herz: „Sag mal, Dicker, ist heute Nacht irgendwas Ungewöhnliches passiert? Tut dir was weh? Geht's dir gut? Also ... mental und so?"

Er schaute mich an, als wäre ich nicht ganz bei Trost. Da erzählte ich ihm von meinem schrägen Traum. Und er brach in ein dermaßen schallendes Gelächter aus, dass ich mir nach einer halben Stunde wieder Sorgen um seine Gesundheit machte.

DAS SOMMERMÄRCHEN

Lustigerweise fielen sowohl der Anfang als auch das Ende von *Alles Atze* mit Fußballereignissen zusammen. 1999 gab es das Champions-League-Finale, und 2006 fand die Weltmeisterschaft in Deutschland statt, das legendäre Sommermärchen.

Franz Beckenbauer, seinerzeit noch kaiserliche Lichtgestalt, hatte die WM höchstpersönlich ins Land geholt. Ein Meilenstein in der langen, an wunderbaren Märchen reichen FIFA-Fußballgeschichte. Während so gut wie alle Weltmeisterschaftsvergaben vorher mit Korruption, Bestechungsgeldern und sonstigen Schweinereien erkauft worden waren und in Zukunft auch wieder erkauft würden, hatte Kaiser Franz es dank seines Charismas quasi im Alleingang geschafft, den Funktionären ihre Stimme aus dem Kreuz zu leiern. Die erste saubere Fußball-WM der Geschichte richteten natürlich wir Deutschen aus. Glaubten wir jedenfalls. Wie auch immer, eins musste man dem Kaiser lassen: Der Sommer 2006 war grandios. Das Wetter zeigte sich von seiner brasilianischen Seite, und das ganze Land war im WM-Rausch.

Unser schwäbischer Bäckerbursche Jürgen Klinsmann hatte aus Poldi, Schweini, Miro Klose, „Capitano" Ballack und den anderen Helden ein Team geformt, das die Nation begeisterte. Alles war schwarz-rot-golden geschmückt. Selbst Autospiegel wurden dekoriert, und Deutschland erkannte sich selbst nicht mehr wieder: So locker-lässig waren wir doch noch nie gewesen. Die ganze Nation in Flipflops, mit Caipis in der Hand, Südamerika-Feeling pur! Auf den Marktplätzen und in den Biergärten lagen sich alle in den Armen. Die Welt zu Gast bei Freunden: Dieses Motto war Balsam für die deutsche Seele. Die Mannschaft sang in der Kabine „Dieser Weg wird kein leichter sein", und mit jedem Sieg wurde die Stimmung besser. Leider nahmen die Italiener im Halbfinale wieder mal keine Rücksicht auf uns Gastgeber und schossen mutwillig auf unser Tor. Leider auch zweimal ins Gehäuse. Immerhin belegten Klinsi und Co. dann den dritten Platz im Turnier.

Während das Land sich diesem einzigartigen Partyrausch hingab, drehte ich mal wieder eine Staffel. Nachts schwitzte ich in meiner Dachgeschosswohnung in Köln. Draußen war ständig Feieralarm und Public Viewing.

Während ich so in meinem eigenen Schweiß lag und verzweifelt versuchte zu schlafen, fragte ich mich, wie viele Sommer ich eigentlich noch im Studio mit *Alles Atze* verpassen wollte. Wir waren jetzt im siebten Jahr unserer Serie, und ich hatte das Gefühl, dass wir alle guten Geschichten bereits erzählt hatten. Nach reiflicher Überlegung stand mein Entschluss fest: Dies würde meine letzte Staffel sein. Ich wollte nicht mehr, und ich konnte nicht mehr. Das Feuer in mir brannte zwar noch, aber auf keinen Fall lichterloh, es war wie immer im Leben – irgendwann nutzen sich die Dinge ab. Mein Standpunkt war: Besser auf dem Höhepunkt aufhören als irgendwann vom Hof gejagt werden. Bis zu diesem Zeitpunkt hatte RTL mir jeden Freitag eine Kiste Champagner geschickt, ich wollte nicht warten, bis es eine Dose Altöl sein würde.

Ich fühlte mich nicht besonders wohl, als ich meiner Produzentin und Förderin Christiane Ruff sagte, dass ich aufhören würde. Letzten Endes konnte sie meine Gedanken aber nachvollziehen, und bis heute sind wir herzlich befreundet. So endete ein weiteres Kapitel meiner Karriere relativ geräuschlos und ohne viel zerschlagenes Porzellan.

Eigentlich hatte ich die Schnauze voll von der Schauspielerei. Ausgerechnet in dieser Zeit kam aber ein Angebot für einen Kinofilm. Und zwar von der Münchner Produktionsfirma Wiedemann & Berg, die gerade einen Oscar für den Film *Das Leben der Anderen* gewonnen hatte. Normalerweise hätte ich abgesagt, aber angesichts der Referenzen dieser Firma musste man sich das Angebot mindestens mal anhören. Max Wiedemann und Quirin Berg waren damals, mit Anfang dreißig, schon so erfolgreich und besessen vom Filmemachen, dass ich komplett mitgerissen wurde. Auch Töne ließ sich anstecken. Schnell waren wir uns einig, dass wir den Film zusammen wagen wollten. Unsere Selbstzweifel waren gering – zu der Zeit gelang einfach alles. Welcher Künstler wäre auch nicht so eitel, auf eine Hauptrolle in einem Film abzufahren? Voller Zuversicht sagten wir zu – ohne die geringste Ahnung zu haben, worauf wir uns da einließen.

Einer der Gründe für unseren Optimismus war die Entscheidung der Produktionsfirma, Sven Unterwaldt als Regisseur mit ins Boot zu holen. Er hatte in der dritten Staffel *Alles Atze* sensationell Regie geführt, und ich war seit der Zeit ganz gut mit ihm befreundet. Die außergewöhnliche Idee, einen Atze-Film zu machen, der im Zweiten Weltkrieg spielt, fand ich dann tatsächlich auch superspannend.

Unser erstes Brainstorming in Palma de Mallorca werde ich nie vergessen. Dabei waren: Michael Gantenberg als Autor des Films, Sven Unterwaldt, Quirin Berg, Töne und ich. Ideen hatten wir jede Menge, aber noch mehr Durst. Nach einem

Mini-Meeting im Hotel ging es unternehmungslustig in die malerische Altstadt von Palma. Wir hatten den Zugang zum Drehbuch noch nicht so ganz gefunden und wollten unsere Fantasie mit ein paar hochprozentigen geistigen Getränken anregen. Nachdem wir gut betankt ins Restaurant Forn eingekehrt waren, machte sich ein wenig Müdigkeit breit. Kein Wunder bei dem strammen Arbeitsprogramm. Dagegen hatte der Spanier ein tolles Getränk im Programm – den „Carajillo".

Das Rezept ist ganz einfach: Man versetzt einen starken Espresso mit einem großen Schuss Brandy oder Rum. Das Koffein dient als wunderbarer Booster für den Alkohol, und das Hirn belohnt einen nur wenig später mit reichlich Glückshormonen. Kurz: ein Höllenzeug! Es macht wach *und* breit! Kate Moss würde sagen: „A drink that wakes me up and then fucks me up."

Aufgrund der fatalen Wirkung sollte man nur eine, maximal zwei von diesen Bomben trinken. Sven hatte allerdings sieben davon intus! Nicht schlecht für jemanden, der sonst so gut wie keinen Alkohol trinkt. Die Wirkung war phänomenal. Er machte allen eine einstündige Liebeserklärung, und hätten wir ihn nicht ohnehin schon gemocht, hätten wir uns an diesem Abend garantiert verlobt. Montags morgens reisten wir ohne Ergebnis, aber mit einem Riesenkater ab. Michael Gantenberg und Sven trafen sich danach lieber allein, um das Drehbuch zu schreiben. Wenn ein Projekt so schön beginnt, ist man doch mit einem guten Gefühl dabei. Ich fühlte mich pudelwohl.

Im August 2007 war es so weit: Die Dreharbeiten zu unserem Kinofilm standen an. Ich war ein paar Tage eher nach München gereist, weil mein Freund Mehmet Scholl seinen offiziellen Abschied vom FC Bayern feierte. Mit einer Riesenveranstaltung, die in der Reithalle Schwabing stattfand. Alle waren sie da – Kalle Rummenigge, Uli Hoeneß, der Ministerpräsident Edmund Stoiber mit seiner Ehefrau Karin, genannt „Muschi", und selbstverständlich auch viele berühmte Fußballer. Ich bin ja nun wirklich der Letzte, der Bayern München gut findet. Aber an diesem Abend konnte sogar ein Bayernhasser wie ich erahnen, wie toll die Bayernfamilie funktioniert und warum so viele Spieler den Steuersünder Hoeneß lieben.

Ich saß zusammen mit Poldi an einem der großen Tische, und wir konnten aus nächster Nähe miterleben, mit welcher Gelassenheit der große Wurstfabrikant die Späße seiner Spieler ertrug. Uli Hoeneß saß im teuren Anzug da und wartete darauf, eine bedeutungsschwangere Rede zu halten. Von hinten schlich sich der heutige Sportdirektor Hasan Salihamidžić, von allen nur „Brazzo" genannt, mit einem vollen Weißbierglas an ihn an. Der Vereinsboss entdeckte ihn im letzten Moment und sagte flehentlich: „Brazzo, bitte nicht! Ich muss gleich noch eine Rede halten …!"

Brazzo überlegte kurz und kippte dann trotzdem das komplette Glas über Wurst-Uli aus. Der schüttelte sich, lachte dann mit und hielt seine Rede in einem bierdurchnässten Anzug. Hoeneß ist sicher eine Person, die in der Öffentlichkeit sehr polarisiert, aber in diesem Augenblick bekam ich eine Ahnung davon, warum die Spieler des Vereins eine ganz besondere Beziehung zu ihm haben.

Zwei Tage später starteten wir endlich mit der Arbeit an *U-900*. Das große Abenteuer konnte beginnen! Der U-Boot-Film, der 1944 spielt. Ursprünglich sollte das Werk ja *U-911* heißen – wegen des Porsche 911. Aber nach den Anschlägen auf das World Trade Center waren mit „9/11" vergleichbare Zahlenkombinationen keine so gute Idee. Also nannten wir den Film eben *U-900*. Der Drehplan sah vor, erst mal einen

Monat in den Studios der Bavaria in München zu bleiben. Danach würde es für einen Monat nach Malta gehen, und zum Abschluss würden wir in der legendären Filmstadt Cinecittà in Rom drehen.

Für alle, die sich jetzt fragen, warum wir nicht einfach in München geblieben sind, kommt hier die Erklärung: Auf Malta arbeitet die Filmbranche gern wegen des stabilen Wetters und weil es dort eine professionelle Filmindustrie mit entsprechender Infrastruktur gibt. Die Malteser bieten beste Voraussetzungen, um auf internationalem Niveau zu drehen, egal ob Licht, Ausstattung, Kameras, Catering, es ist wirklich alles vorhanden. Selbst Komparsen werden vor Ort gestellt. Der Hauptgrund, warum wir dort drehen wollten, war aber, dass wir ein U-Boot brauchten. Das gibt es auf Malta. Wobei es eigentlich mehr ein Ponton ist, der so gestaltet ist, dass er wie ein Unterseeboot aussieht. Das Fake-Boot kann gar nicht tauchen, aber für Außenaufnahmen ist es perfekt und wird fast in jedem Film dieses Genres eingesetzt. In Rom, in der Cinecittà, steht das genaue Gegenstück. Dort sollten alle Innenaufnahmen in einer großen, aufklappbaren U-Boot-Attrappe entstehen, die innen wie ein Unterwasserkutter aussieht und außen wie eine eiserne Garage.

Doch zunächst ging es Mitte August 2007 in München mit den ersten Proben los. Einen Tag vor Drehbeginn trudelten die Schauspieler für die Hauptrollen ein. Mein Gegenspieler im Film, Nazi-General Strasser, wurde vom großen Jürgen Schornagel gespielt. Mit viel Mühe war es Sven gelungen, diesen Charakterschauspieler zu überzeugen, noch einmal den bösen Nazi zu geben, den er zuvor schon in unzähligen Produktionen bravourös dargestellt hatte.

Zwischen Jürgen und mir stimmte die Chemie von Anfang an. Eigentlich hätte er uns absagen müssen, weil er durch eine Verletzung am Bein etwas eingeschränkt war, und hätte sich in Behandlung begeben müssen. Aber als besessener Profi ließ er uns natürlich nicht hängen. Er ging sogar noch einen Schritt weiter: Ohne uns von seinem Handicap zu erzählen, schlug er Sven listig vor, den General mit einer Gehbehinderung zu spielen. Gute Idee, dachten wir und waren beeindruckt, Method Acting vom Allerfeinsten ... Respekt! Dieses ausgefuchste Schlitzohr kannte alle Kniffe, um die Kohle doch noch abzugreifen. Dumm nur, dass er am Ende der langen Dreharbeiten fast gar nicht mehr einsetzbar war. Gott sei Dank spielte Christian Kahrmann die rechte Hand des schlecht gelaunten Generals. Christian war nicht nur vor der Kamera sein Adjutant, nein, er gab auch im Hintergrund den treusorgenden Zivi für unser angeschossenes Wrack. So konnten wir das alte Schlachtschiff wenigstens auf Kurs halten.

Die Dreharbeiten begannen in der Bavaria, und das ganze Team war bis in die Haarspitzen motiviert. Vor allem ich, denn in der zweiten Woche stand eine heiße Bettszene mit meiner hübschen Kollegin Doreen Jacobi an, die kurz vorher noch vom *Playboy* unbekleidet abgelichtet worden war. Alle Männer im Team hatten die Ausgabe mit großem Interesse „gelesen", nicht nur wegen des Interviews. Ich war völlig elektrisiert. Davon hatte ich schon als filmbegeisterter Teenager geträumt: einmal wie Marcello Mastroianni mit den Schönheiten dieser Welt das seidige Laken zu entweihen! Ein feuchter, jugendlicher Traum wurde wahr. Die Sache mit dem *Playboy* machte es natürlich nicht gerade leichter, denn dadurch wusste ich nur allzu gut, was für eine erotische Sirene mich herausfordern würde.

Gedreht wurde diese heiße Szene in einer herrschaftlichen Nobelvilla am Starnberger See. Zuvor standen einige Aufnahmen mit Doreen und mir an, in denen wir noch voll bekleidet waren. Später ging es ins Schlafzimmer, mit weniger Klamotten am Leib: Doreen und ich saßen in Unterwäsche auf einem Sofa, während die Crew die Szenerie einrichtete. Im Gegensatz zu mir sah Doreen in ihrer Unterwäsche hinreißend aus, und wir alberten den halben Nachmittag in bester Laune herum, weil die Beleuchtungsarbeiten sich länger hinzogen als gedacht. Großspurig versuchte ich, meiner Kollegin den Druck zu nehmen: „Mach dir keine Sorgen, Doreen. Wenn wir gleich im Bett liegen, dann gib dem Affen einfach Zucker. Beiß mich, kratz mich, lang ruhig richtig hin, mir ist alles egal! Hauptsache, es sieht leidenschaftlich echt aus."

Als es so weit war, machten wir gut gelaunt die ersten Kameraproben, dann wurde gedreht. Unter verschärften Bedingungen. Kurz vorher hatte der Regisseur mich nämlich etwas unsicher zur Seite genommen: „Atze, ich würde in dieser Szene aus dramaturgischen Gründen gerne wenig schneiden. Könntest du nackt spielen, oder ist das ein Problem für dich?"

Auch da war ich noch großmäulig und ganz in meinem Element: „Sven, sollten wir wirklich so viel Neid schüren unter den deutschen Männern? Kann der durchschnittliche Kinobesucher von so einer Szene nicht ein erotisches Trauma davontragen? Aber wenn du meinst – kein Problem. Ganz, wie du willst!"

Anschließend wurde es leider etwas unromantisch. Ich lag zwar nackt mit einer leicht bekleideten, bestrapsten und hocherotischen Frau im Bett, im Schlafzimmer waren aber auch noch dreißig Crewmitglieder: Beleuchter, Tonmänner, Maskenbildner, Requisiteurinnen, Kameraassistenten und weiß der Kuckuck noch wer. Um es vorsichtig zu formulieren – Leidenschaft kam gar nicht erst auf. Weder bei mir noch bei Doreen. Mein „bester Mann" zog sich schmollend und lichtscheu in mein Skrotum zurück. Untenherum sah ich aus, als hätte ich zwei Stunden in einer Eistonne verbracht. Ein Zentimeter weniger, und ich hätte die weibliche Hauptrolle spielen können. Doreen war sichtlich amüsiert, und das Team kämpfte tapfer gegen den Lachreiz an. Nun ja, so sterben jugendliche Träume in der Filmrealität! Wieder eine Lektion gelernt. Abends lachten Doreen und ich dann bei einem Drink an der Hotelbar herzhaft über diesen schrägen Drehtag. „Heiße Bettszene, dass es nur so knistert!" – wenn ich so etwas heute lese, denke ich nur: Ja nee, is klar!

Im September zogen wir nach Malta um. Wie schon beschrieben, drehten wir dort die Außenszenen, die auf dem U-Boot spielten. Ein logistischer Wahnsinn! Alles musste mit unzähligen kleinen Booten zum U-Boot-Ponton transportiert werden und, sobald gedreht war, sofort wieder aus dem Kamerabild entfernt werden. Die Drehtage begannen bei Sonnenaufgang und dauerten so lange, bis kein natürliches Licht mehr da war.

Eines schönen Freitagmorgens drehten wir eine Tanzszene. Ich stand nur mit einem Baströckchen bekleidet am Bug des „U-Bootes", als ein Kreuzfahrtschiff der Marke AIDA auftauchte und an uns vorbei in Richtung Hafen fuhr. Tausende deutsche Gäste saßen gerade beim Frühstück und trauten ihren Augen nicht: Während sie verschlafen an ihrem Goudabrötchen nuckelten, sahen sie durch die Fenster des Salons, wie Atze Schröder im Baströckchen auf einem Ponton zu höllisch lauter hawaiianischer Musik tanzte.

Binnen Sekunden stürmte die Kreuzfahrtmeute noch kauend an Deck, johlte und fotografierte, was das Zeug hielt. Ich war total begeistert und genoss den skurrilen Augenblick: Der kleine Schlagzeuger Atze aus dem Münsterland stand halb nackt auf einem Boot in Malta und wurde von braven Touristen fotografiert. Der strebsame Vertreter Herr Schröder, der vor knapp zehn Jahren mit Comedy einfach nur ein bisschen Kohle machen wollte, war plötzlich ein umjubelter Star! Ich fühlte mich wie ein Glückskeks. Wer konnte schon für sich in Anspruch nehmen, freitags morgens am Mittelmeer rumzutanzen und damit seine Luxusbrötchen zu verdienen? Eigentlich war für mich doch ein ganz normales Leben vorgesehen. Stattdessen hatte ich es mit Glück, Ehrgeiz und einem enormen Arbeitspensum geschafft, dem bürgerlichen System ein Schnippchen zu schlagen. Ich war in diesen Minuten selig und sehr, wirklich sehr zufrieden mit dem, was ich erreicht hatte.

Der letzte Abschnitt des Films wurde dann von Mitte Oktober bis Mitte November in Rom gedreht. So langsam machten sich die Strapazen bemerkbar, alle mussten mit ihren Kräften haushalten. Dazu kam eine entsetzliche Enge in der U-Boot-Attrappe, die uns aufs Gemüt schlug. Das Team war zwar im Laufe der letzten Monate wie eine Familie zusammengewachsen, doch teilweise lagen die Nerven blank, und einige mussten wie rohe Eier behandelt werden. Im Hotel war mittlerweile jeden Abend eine Zimmerparty. Mit reichlich Alkohol und Remmidemmi, um den Stress zu kompensieren.

Für mich als Cineasten war es natürlich eine ganz besondere Ehre, in der sagenumwobenen Filmstadt arbeiten zu dürfen. Doch es sollte noch besser kommen: Als die Garderoben zugeteilt wurden, bekam ich die Stammgarderobe von keinem Geringerem als Marcello Mastroianni. Als man mir den Schlüssel aushändigte, hielt ich ehrfürchtig die Luft an. Ich musste mehrfach unterschreiben, dass ich die Reliquie direkt nach Beendigung der Filmarbeiten wieder zurückgeben würde. Dieser Schlüssel war eben nicht irgendein Türöffner, nein, er war eine Monstranz der italienischen Filmgeschichte! Wahnsinn. Was für eine Ehre, was für eine Verantwortung! Ich versprach natürlich hoch und heilig, alles zu tun, um mich dieser Ehre als würdig zu erweisen.

Neulich habe ich den Schlüssel beim Aufräumen meines Werkzeugkastens wiedergefunden. Liebe Italiener, falls es euch beruhigt: Ich habe ihn zurück in die Kiste gelegt. Bei mir ist er wenigstens sicher und gut aufgehoben, so viel ist mal klar.

Mit letzter Kraft brachten wir den Film zu Ende und sahen uns erst zur Premiere im Essener Filmpalast Lichtburg wieder. Was den Erfolg an der Kinokasse angeht: Der Film wurde kein Kassenschlager, auch kein respektabler Erfolg, er lief mehr oder minder ganz ordentlich. Der beste Beweis, dass selbst ein veritabler Star wie ich kein Garant für einen Blockbuster ist! Ich schließe mich der Meinung an, dass es wahrlich schlechtere deutsche Filme gibt. Heute würde ich sicher vieles anders machen. Aber das ist alles Makulatur, und letzten Endes ist dieses Filmabenteuer ein ganz wunderbarer Bestandteil meiner Lebenserinnerungen. Was will man mehr?

Bud Spencer hat meines Wissens mal einen schlauen Satz gesagt: „Du kannst nicht immer dasselbe machen – ein Künstler spürt, wenn es Zeit für Veränderung ist." Ich glaube, das war der Moment, als er sich von Terence Hill trennte. Wie auch immer, ich spürte, dass es für den Bühnen-Atze nicht wie gewohnt weitergehen konnte.

Ich wollte der Atze-Welt eine neue Ausrichtung geben. Bisher war mein öffentliches Auftreten relativ unbedarft gewesen: laut, schrill, comichaft, Hauptsache lustig. Die meisten

Geschichten hatten in einem Umfeld stattgefunden, in dem Atze eindeutig fehl am Platze war. Die Komik ergab sich aus der Widersprüchlichkeit der Situation: Atze im Golfclub, im Sternerestaurant, im Baumarkt ... alles wunderbar und sehr erfolgreich, aber jetzt wollte ich auf der Bühne und im Fernsehen mehr Haltung zeigen. Mehr reales Leben! Ich wollte komplexer werden, weniger eindimensional. Jeder sollte sich Atze als seinen Nachbarn vorstellen können, aber ohne dass der anarchische Humor zu kurz kam. Ich hatte das Gefühl, etwas zum aufkommenden Rechtsextremismus, zu mangelnder religiöser Toleranz oder zur Migrationsproblematik sagen zu müssen. Gleichzeitig sollte es auf jeden Fall unterhaltsam bleiben.

Töne, der Mann mit dem richtigen Riecher, lag mir schon seit einiger Zeit in den Ohren, doch mal Till Hoheneder ins Boot zu holen. Als Co-Autor. Davon war ich anfangs überhaupt nicht angetan. Till und ich hatten bis dahin maximal Kenntnis von der Existenz des anderen, aber null Interesse aneinander gehabt. Till & Obel hatte ich zwar ganz lustig gefunden, mehr aber auch nicht. Andreas Obering hatte ich mal auf einem Geburtstag bei Amaretto kennengelernt und auch für uninteressant gehalten. Von Till erzählte man sich in der Szene so einiges, er galt als arrogant, im besten Falle unfreundlich. Warum sollte ich ausgerechnet so einen Menschen ansprechen? Außerdem waren die beiden mit ihren Solo-Aktivitäten nicht gerade erfolgreich.

Aber Töne ließ nicht locker: „Der ist gar nicht so, der hat sich geändert. Der ist eigentlich gerade, sauehrlich und ziemlich lustig. Der wäre was für uns! Der Humor passt, vertrau mir. Du sagst mir doch immer, dass jeder eine zweite Chance verdient hat."

Da hatte er einen Punkt! Ständig setzte er mir zu, also sprang ich über meinen Schatten und stimmte einem gemeinsamen Brainstorming im Landgasthof „Pleister Mühle" zu. Ich kann mich nicht mehr genau an das Meeting erinnern, aber Töne hatte recht: Der Typ war ganz okay und hatte zu einer Nummer, an der wir gerade schrieben, auf Anhieb ein paar gute Sprüche beigesteuert. So viel zur Pflicht, die Kür habe ich allerdings in bester Erinnerung. Als die anderen gegangen waren, standen Till und ich noch länger auf dem Parkplatz. Durch Zufall kamen wir aufs Älterwerden und dessen kleine Maleschen. Ein Spruch jagte den anderen. Das Gespräch schaukelte sich zu unser beider Vergnügen hoch, wir kamen aus dem Geiern nicht mehr heraus und stachelten uns zu immer mehr Jokes über Schlafstörungen, Sodbrennen und Verdauungsprobleme an. Das Ganze gipfelte in Tills amüsanter Feststellung: „Ab vierzig ist jeder Tag ohne Schmerzen ein Geschenk. Früher hast du beim Verklappen des Frühstücks nur gedacht: Wird es ein U, eine Schnecke, Kantholz oder 'ne Sprühwurst?"

Auf dem Heimweg wischte ich mir immer noch Lachtränen aus dem Gesicht. Keine Ahnung, ob er sich nur verstellt hatte und trotzdem arrogant oder unfreundlich war – er war auf jeden Fall lustig. Und hatte auf mich einen nachhaltigen Eindruck gemacht.

Das war der Beginn einer inhaltlichen Zusammenarbeit, die ich – außer mit Töne – so noch nicht erlebt hatte. Zusammen fingen wir an, meine Pläne umzusetzen. Die Chemie stimmte seit unserem Parkplatzgespräch bestens, es funkte richtig zwischen uns.

Der erste große Hit, den wir nach kurzer Zeit schrieben, war der legendäre *Waldorfkindergarten*. Wir waren mit dem taufrischen Programm *Mutterschutz* auf Preview-Tour, und ich gastierte gerade in Würzburg. Till war mitgefahren, damit wir „on the fly" am Programm weiterschrauben konnten. Ich hatte mir gedacht: Wenn ich mir eventuell Kritik oder Verbesserungsvorschläge anhören muss, dann wenigstens von einem, der selbst mal erfolgreich auf der Bühne gestanden hat und der die Nummern kennt, weil er dran mitgeschrieben hat. Gerade beim Programm *Mutterschutz* hatte ich das untrügliche Gefühl, dass noch etwas zum Thema „Mütter und Familie" fehlte. Das Gute war, dass Till gerade zum dritten Mal Vater geworden war und immer absurde Geschichten über den Kindergarten erzählte. Genauer gesagt: Geschichten über Eltern, die sich bei genauerer Betrachtung oft kindischer verhielten als die Kinder. Eine seiner Beobachtungen war, dass die Kinder friedlich miteinander spielten, bis die Mütter zum Abholen kamen und am Zaun stehend anfingen, das Treiben der Kids zu kommentieren. Es war zum Schreien komisch, wenn Till die Eltern nachmachte. Als begnadeter Parodist war er es ja gewohnt, genau hinzuschauen, also hatte er das Verhalten der aufgescheuchten Muttertiere gewissenhaft studiert.

„Finja, nicht so hoch schaukeln! – Siehst du, jetzt bist du runtergefallen. Nein, renk dir die Schulter selber wieder ein, das kannst du!"

„Alexander, musst du? Alexander, musst du? Alexander, musst du? Alexander, wenn du musst – dann geeeh!"

„Yoldas, nicht den Mirko mitte Schüppe haun, da sind wir Geburtstag!"

Nach dem Mittagessen setzten wir uns im Hotel gleich hin und schrieben aus dem Material ein Stand-up. Eine Stunde später stand alles schön übertrieben auf dem Papier, und noch am selben Abend spielte ich die Nummer im Radlersaal zu Würzburg. Das Publikum drehte durch, die Nummer war von der ersten Minute an ein Volltreffer. Speziell die Mütter erkannten sich in ihrem Verhalten wieder und japsten vor Freude. Till und ich hatten auch unseren Spaß.

Das war der Auftakt zu einer langen Reihe von Geschichten, mit der wir den Atze-Kosmos bunter und facettenreicher gestalteten. Mittelfristig ging mein Plan auf: Selbst die Presse registrierte, dass Atze Schröder mehr war als nur ein vorlauter Sprücheklopfer. Dementsprechend konnte ich mein Spektrum erweitern und schon bei den Titeln der nächsten Liveprogramme viel breiter einsteigen. *Schmerzfrei, Revolution, Echte Gefühle* – all das waren auch Bestandsaufnahmen der Befindlichkeiten in unserer Gesellschaft.

2008 tat ich etwas für meine Befindlichkeit und kaufte mir ein Boot mit Liegeplatz auf Mallorca. Das war ab sofort unser schwimmendes Kreativzentrum. Besonders schön war es, wenn die legendäre Vierergang oder „das Gag Pack", bestehend aus Töne, Micky Beisenherz, Till und mir, an Bord ging. Dann wurde die Yacht zur Bauernstube mit Eckbanktheater. Tagelang war Gag-Alarm, weil natürlich jeder die anderen zum Lachen bringen wollte. Wir nahmen die Amazon-Serie *Last One Laughing* praktisch um Jahre vorweg! Tagsüber lagen wir in einer schönen Bucht und hauten Gags am Fließband raus, abends ging es munter und feuchtfröhlich in irgendeiner Spelunke weiter. Es war nichts für schwache Nerven. Als Neuling wäre man an dieser eingespielten, äußerst effektiven Truppe verzweifelt.

Wenn Till und ich allein auf dem Boot waren, kamen wir oft gar nicht zum Schreiben. Wir unterhielten uns tagelang über Musik, Bücher, Filme und Frauen. Das nennen wir bis heute „Witterung für das Programm aufnehmen". Für die Tour

Schmerzfrei kauten wir zum Beispiel auf der Frage herum, wie wir den Titel in Verbindung mit unserem gesellschaftlichen Umfeld bringen konnten. Irgendwann hatten wir alles gesammelt, was wir an „schmerzfreiem" Verhalten bei Politikern, Promis oder Normalos beobachtet hatten. Dann fingen wir vorsichtig an, aus diesen Betrachtungen erste Nummern zu entwickeln. Auf dem Wasser schaukelnd konnten wir uns ungestört unseren Gedanken hingeben, und das genossen wir. Immer wenn der Terminkalender es hergab, machten wir Gebrauch von meinem schwimmenden Wohnwagen. So war das Boot zehn Jahre lang ein paradiesischer Rückzugsort, um dem Hamsterrad des Alltags zu entkommen.

Die Bücher *Und dann kam Ute* und *Der Turbo von Marrakesch* haben Till und ich größtenteils an Bord geschrieben. Wenn man über Monate hinweg an einem Buch arbeitet, muss man sich gut leiden können, sonst geht die Sache schwer nach hinten los. Till und ich hatten unsere eigenen Strategien, um zwischendurch den Kopf freizubekommen. Gott sei Dank verstehen wir uns auch ohne Worte. Es kam schon vor, dass wir uns in den Schreibpausen konsequent in Ruhe ließen, uns verzogen und unser eigenes Ding machten. Aber wehe, wenn wir gemeinsam ausgingen und etwas Amüsantes erlebten. Dann gab es kein Halten mehr, dann konnten wir nicht genug davon kriegen! Wie im Falle von ... nennen wir ihn einfach mal Ralf.

Im Hafen gab es ein legendäres Restaurant, dessen Wirt Ralf war: ein echtes rheinländisches Original. Jetzt könnte man denken: Spanien und Rheinland, wie geht das denn zusammen? Offensichtlich gar nicht. Statt Tapas und Paella gab es bei Ralf leckere Schnitzel und Bratkartoffeln. Ein cleverer Schachzug, da der Deutsche auch im Ausland gerne gutbürgerlich isst. Der

Laden brummte. Ralf war der unangefochtene König in seinem Reich, manche behaupteten sogar, ein Diktator. Wer sich unterwürfig benahm, hatte die Chance, einigermaßen leutselig von ihm bedient zu werden. Rechte hatte man keine, das lernten wir in seiner Schnitzelbude schon am ersten Abend. Am Nebentisch hatte ein Pärchen zwei große Salatteller bestellt. Als sie nach einer Dreiviertelstunde ebenso vorsichtig wie höflich nachfragten, ob das Essen eventuell bald käme, schaltete Ralf in den Strafmodus. So eine Dreistigkeit hatte bei ihm keine Chance und musste sofort geahndet werden. Ruckzuck war der Tisch abgeräumt. Den verdutzten Gästen raunzte er zutiefst beleidigt zu: „So, raus hier, abhauen! Tschö mit ö, seht zu, dass ihr Land gewinnt!"

Völlig verdattert schlichen die beiden vom Hof.

Ralf drehte sich triumphierend zu uns um: „Wer nicht warten kann, der geht zum Burger King!"

Begeistert von diesem unerquicklichen Vorfall und Ralfs bräsigem Verhalten begriffen wir sofort, dass uns dieser Spitzengastronom noch viel Freude bereiten würde. Falls wir uns einigermaßen benähmen. Und richtig: Zuverlässig lieferte er uns fast täglich die herrlichsten Anekdoten und Räuberpistolen, aus denen natürlich immer nur einer als Top-Checker hervorging: er selbst, ja nee, is klar!

Ich werde nie vergessen, wie er uns jahrelang kurz vor jeder Bestellung in seinem rheinischen Singsang zurief: „Isch hab noch 'ne frische Dorade da!"

Vier Jahre lang haben wir dieser kulinarischen Verheißung getrotzt und nur die Sachen von der Karte gegessen, bei denen wir hundertprozentig sicher waren, dass nichts schiefgehen konnte. Aber eines denkwürdigen Tages bestellte ich aus einer unerklärlichen Laune heraus tatsächlich die ominöse Dorade.

Es dauerte und dauerte. Nach einer Stunde tauchte der stolze Ralf mit einem Riesenteller auf, der mit vielen, unterschiedlich geformten Fischteilen bedeckt war. Als der üppige Berg Fischschredder vor mir auf dem Tisch stand, betrachtete ich das seltsame Potpourri ungläubig. Wie gesagt: Es lagen viele verschiedene Fischteile auf dem Teller, nur frische Dorade war nicht dabei! Ratlos und unbefriedigt saß ich vor dem maritimen Desaster. Schließlich nahm ich meinen ganzen Mut zusammen, um Ralf wenigstens zu fragen, welcher Gedanke dieser launigen Komposition zugrunde lag. Ich rief ihm also vorsichtig zu: „Äh, Ralf…?"

Er rauschte an den Tisch und blökte sofort los.

„Wat is? Is wat nisch in Ordnung?"

Ich nahm meinen ganzen Mut zusammen.

„Tja, Ralf, wie soll ich es sagen, das ist jetzt keine frische Dorade, oder?"

Wie aus der Pistole geschossen parierte er meine Ungeheuerlichkeit mit einer Mischung aus Tadel und etwas Nachsicht über meine Dummheit. Seine unvergesslichen Worte waren:

„Dat weiß isch doch, dafür hab isch dir etwas mehr jemacht!"

Die Logik habe ich bis heute nicht verstanden, aber ich war klug genug, die gemischte Grätenplatte klaglos in mich reinzuschaufeln.

Die Jahre auf Mallorca waren einfach nur großartig. Wann immer es ging, hing ich auf dem Schiff ab und genoss die Zeit auf dem Wasser oder am Liegeplatz. Allein sechs Jahre habe ich mit meinem wundervollen Kahn im Yachthafen von Palma verbracht. Da hatten wir bei unserer kreativen Arbeit etwas Abwechslung, weil es in Palma auch im Winter normales Leben gibt. Wobei es in der Yachtszene alles andere als normal zugeht. Geld spielt schon mal keine Rolle – kaufmännisch gibt es ja keinen größeren Irrsinn als so ein Boot. Wie der Engländer so schön sagt: „Ein Boot ist ein von Holz umgebenes Loch im Wasser, in das man Geld reinsteckt."

Stimmt, recht hat er, der Engländer! In einem Yachthafen ist jedes Boot ein Statement. Schaut man auf seinem Liegeplatz nach rechts und links, ist man bis auf einen oder zwei Meter Länge meist unter seinesgleichen. Aber schon am nächsten Steg liegen Schiffe, die doppelt so hoch und so lang sind. Und natürlich doppelt oder gar dreimal so teuer. Das kann bei neidischen Gemütern schon mal zu hysterischen Anfällen oder schweren Minderwertigkeitskomplexen führen. Wenn allerdings der Sultan von Brunei an einem wunderschönen Morgen mit seiner Drittyacht einläuft und bei den Kreuzfahrtschiffen festmacht, sehen plötzlich alle aus wie Sozialhilfeempfänger im Aldi-Schlauchboot. Ich fand das immer sehr lustig, weil es mir scheißegal war. Mein Boot war teuer genug, und Neid kenne ich auch nicht. Aber es gibt Menschen, die äußerst sensibel auf solche monetären Demütigungen reagieren.

Wir waren mal zusammen mit einigen anderen Promis auf einer großen Yacht im Hafen von Ibiza-Stadt eingeladen. Ich war hin und weg: Was für ein tolles Schiff, was für eine fantastische Crew, selbst der Skipper sah aus wie ein Hollywoodstar! Beste Voraussetzungen für ein paar unbeschwerte Tage auf Kosten unseres Gastgebers, eines schwerreichen Automobilmanagers. Unter den Gästen befand sich auch Deutschlands erfolgreichster Komiker der Welt, jeder kennt ihn, ihr wisst, wen ich meine! Pass auf, wahre Geschichte: Auf dem Weg durch den Hafen wurde der ansonsten nicht gerade maulfaule Comedian immer stiller und sprach kaum noch ein Wort. Noch bevor wir das Schiff unseres großzügigen Gastgebers betreten hatten, hyperventilierte der Kollege angesichts der zahlreichen in der Sonne vor sich hin schaukelnden Luxusyachten. Die Ansammlung desaströser Millionengräber machte ihn offensichtlich so nervös, dass er sich mit einem genervten, fast panischen „Ich halt das nicht aus, die haben alle mehr Geld als ich, das kann ich nicht ab!" aus dem Staub machte.

Diese Reaktion war mir nicht neu. Es gibt wirklich viele Menschen, die die Arroganz eines Yachthafens nicht ertragen. Schon früh habe ich gegenüber meinen bootsinteressierten Kumpels den Glaubenssatz geprägt: „Wer ein Problem mit Größe hat, sollte sich kein Boot anschaffen." Meine Freunde hatten kein Problem, weder mit meinem Boot noch mit dem Leben in Yachthafen. Im Gegenteil! Einer meiner ältesten Kumpel, Micky (nicht Beisenherz), bescheinigte mir halb im Spaß, halb im Ernst, nachdem ich den Kaufvertrag unterschrieben hatte: „Erst jetzt bist du ein wahrer Freund!"

Ich wiederhole mich gern: Was hatten wir für einen Spaß mit dem schwimmenden Untersatz! In einem Punkt war ich allerdings untypisch für die Szene – die wenigsten Yachteigner haben Interesse am Bootfahren, geschweige denn am Meer. In den zehn Jahren auf Mallorca habe ich überwiegend Boote am Steg liegen sehen, die nie benutzt wurden. Die Eigentümer hatten keine Zeit, keine Lust oder mussten noch mehr Geld verdienen. Da war ich ein Skipper von anderem Schlag. Ich fuhr, so viel ich konnte. Selbst wenn ich allein an Bord war, hielt mich das nicht davon ab rauszufahren, solange das Wetter mitspielte.

2018 war allerdings auch diese Episode vorbei. Ich verkaufte das Schiff und beendete eine herrliche Phase meines Lebens. Ab und zu miete ich mir im Sommer noch mal ein Segelboot oder einen Katamaran, aber ich will auf keinen Fall mehr Bootseigner sein. Immer wenn ich heute einen Yachthafen sehe, freue ich mich über die horrenden Rechnungen, die ich nicht mehr bezahlen muss. Trotzdem kann ich aus vollem Herzen sagen: Die Stunden der Freude an Bord sind unvergessen und nicht mit Geld aufzuwiegen. So schön, schön war die Zeit! Aber wie immer im Leben hat alles seine Zeit.

ALLES HAT SEINE ZEIT

Mein Vater, der wichtigste Mensch in meinem Leben, starb an einem Samstag im Juli 2010. Sein Tod kam unvermittelt und völlig überraschend für mich. Erst viel später fiel mir ein, dass er mir ein halbes Jahr vor seinem Lebensende einen kleinen Hinweis gegeben hatte: „Junge, Altwerden ist scheiße. Es wird langsam beschwerlich." Da war er bereits siebenundachtzig.

Ich hatte seine Aussage zur Kenntnis genommen, ohne ihr groß Beachtung zu schenken. Hinterher rauft man sich die Haare und fragt sich: Warum? Hätte ich sonst vielleicht mehr Zeit mit ihm verbracht, ihm Fragen gestellt, ihm sagen können, wie sehr ich ihn liebe? Wie ich ihn in meinem Herzen trage? Wie oft ich ihn zitiere und von ihm erzähle?

Dass ich an seinem Todestag zugegen war, begreife ich heute gar nicht mehr als Laune des Schicksals, sondern als Bestimmung. Als Zeichen unserer tiefen Verbundenheit. Es hätte gar nicht anders sein können.

Ich kam an diesem Samstag kurz nach dem Mittagessen bei meinen Eltern vorbei, um Hallo zu sagen. Mein Vater machte wie üblich Mittagsschlaf auf dem Sofa, meine Mutter saß zufrieden mit ihrer Decke im großen Ohrensessel. Papa sah adrett aus – er war tags zuvor noch beim Friseur gewesen. Auf sein volles Haar war er immer mächtig stolz und überließ dabei nichts dem Zufall. Sein Geheimrezept, das alles andere als geheim war, bestand darin, nach dem Haarewaschen eine Pudelmütze aufzusetzen und die feuchte Mattenpracht in Ruhe trocknen zu lassen. In diesem Punkt verstand er keinen Spaß, im Gegenteil! Er legte größten Wert auf ein gepflegtes Äußeres und gute Umgangsformen. Nie wäre es ihm in den Sinn gekommen, mit uns essen zu gehen, ohne einen Anzug und Krawatte zu tragen. Einer seiner Sprüche zu dem Thema war: „Es gibt keinen Grund, sich gehen zu lassen, schon gar nicht im Alter!" An dem besagten Samstag, seinem Todestag, war er morgens auch noch mit dem Rad zum Markt gefahren, um für meine Mutter etwas Obst und einen Strauß Blumen zu kaufen.

Dadurch, dass ich gut gelaunt ins Wohnzimmer kam, erwachte mein Vater. Er stand auf, um mich zu umarmen. Wir hielten uns an den Händen, als er plötzlich zusammensackte und in den Sessel neben dem Sofa fiel. Ich wusste sofort, dass er tot war. Sekunden vorher hatten wir uns noch in die Augen geschaut, aber in dem Moment, als ich ihn im Sessel sah, spürte ich, dass da nur noch die körperliche Hülle meines Vaters lag. Bei unserem Augenkontakt hatte sich seine Seele verabschiedet und mich ein letztes Mal berührt. Meine Mutter schrie: „Hubert, Hubert, Hubert!" Doch ihr Hubert war nicht mehr unter uns.

Mit einer seltsamen Ruhe und Klarheit tat ich, was getan werden musste. Ich wählte die Nummer der Notrufzentrale. Ich bemühte mich, meine Mutter zu beruhigen. Zwanzig Minuten später bestätigte der herbeigeeilte Arzt amtlich „Tod durch Herzschlag", und wir es hatten es schriftlich, Papa war endgültig von uns gegangen. Ich kontaktierte den Beerdigungsunternehmer, den ich schon seit meiner Schulzeit kannte, und die Dinge nahmen ihren Lauf. Ich erinnere noch, dass der Bestatter mich fragte, ob mir irgendetwas einfallen würde, was mein Vater gern getragen hatte. Ich überlegte kurz und antwortete ohne zu zögern: „Gute Socken waren ihm immer sehr wichtig!"

Schließlich wurde Papa im Sarg aus dem Haus getragen. Ich hatte sein bestes Paar Socken herausgesucht, um es ihm mitzugeben.

Zur Beerdigung sind dann alle gekommen: meine Schwester mit Familie, Papas Freunde, die Nachbarn, aber auch Freunde von mir. Allesamt wollten sie meinem Vater die letzte Ehre erweisen. Ich wunderte mich selbst, wie wichtig es mir war, dass meine Freunde anwesend waren. Natürlich wusste ich, dass ich es gar nicht schaffen würde, groß mit allen zu sprechen, aber ihre Zuneigung spürte ich trotzdem. Das Gefühl ihrer Anwesenheit und ein kurzer Blick auf die mitfühlenden Gesichter tröstete mich, wärmte mein zutiefst bekümmertes Herz.

Der Tod meines Vaters hatte unterschiedliche Auswirkungen auf die Familie. Meine Schwester Anne, die auch immer ein gutes Verhältnis zu Papa hatte, weinte viel, reiste aber nach einer Woche schon wieder ab. Da begriff ich, dass sie mittlerweile schon länger in Amerika lebte, als wir zusammen Zeit in Deutschland verbracht hatten. Ihr Vater war tot, und sie wollte nach Hause, zurück in ihre Heimat, die USA. Das konnte ich sogar gut verstehen.

Mir wurde klar: Eigentlich verbindet uns nur noch die gemeinsame Kindheit und Jugend, ansonsten haben wir uns aus den Augen verloren. Unsere Lebenswege haben sich getrennt. Unsere emotionale Verbindung ist noch da, jederzeit abrufbar, aber sie beruht mehr auf Kindheitserinnerungen als auf dem Erwachsenenleben in der Gegenwart.

Meine Mutter war tief getroffen und tatsächlich stocksauer über den Tod ihres geliebten Mannes, denn mit ihm war ein großer Teil ihres Lebenssinnes dahin. Sie waren eben nicht nur ein altes Ehepaar, sie waren immer Liebende geblieben. Selbst im hohen Alter trotteten sie nicht nebeneinanderher, sondern gingen Händchen haltend durch die Stadt. Über fünfzig Jahre ein Liebespaar, das muss man erst mal hinkriegen!

Jetzt, völlig auf sich allein gestellt, wusste Mama kaum noch etwas mit sich anzufangen. Einen wichtigen Teil ihres Lebens gab es einfach nicht mehr. Den Verlust hat sie nie verkraftet. Je länger ich darüber nachdenke, desto überzeugter bin ich: Ab dem Todestag meines Vaters wurde meine Mutter dement. Sie verlor sich immer mehr, es war tragisch, das mit anzusehen. Drei Jahre später hatte die Demenz sie schon voll erfasst, und als sie zwei weitere Jahre später von uns ging, war sie in meinen Augen endlich erlöst.

Am Tag vor ihrem Tod besuchte ich sie noch einmal und hielt ihren kleinen, ausgemergelten Körper in meinen Armen. Sie lebte schon in ihrer eigenen Welt, doch auch dieser Abschied war mir sehr wichtig. Nach meinem Empfinden war das letzte „Sich-Halten" das kleine bisschen Versöhnung, das uns noch fehlte. Der Abschied von meiner Mutter dauerte also Jahre und traf mich nicht so unvermittelt wie der von meinem Vater. Ich hatte lange genug Zeit, mich emotional zu entkoppeln, bis die Demenz Mama verschlang.

Bei meinem Vater war die Sache anders. Ich war zwar bei ihm gewesen, als der Herzschlag ihn überraschte, und es war wunderbar, dass wir uns noch mal in die Augen geschaut hatten. Aber ich machte einen großen Fehler: Ich glaubte, dass dies meine Trauer ersetzen würde und ich nichts aufzuarbeiten hätte. Ein fataler Irrtum! Erst später wurde mir klar, wie wichtig bewusstes Trauern ist.

Trauer braucht Zeit, und die nahm ich mir nicht, ob bewusst oder unbewusst. Fakt ist: Plötzlich stand die Trauer vor der Tür und haute mir zur Begrüßung in die Fresse.

Von einem Tag auf den anderen machte sich eine große Traurigkeit in mir breit. Sie kroch mir in die Knochen und besetzte mein Hirn. Zunächst dachte ich, ich hätte einfach zu viel Stress – aber arbeitstechnisch hatte ich schon Schlimmeres erlebt. Nach ein paar Wochen stellte ich fest, dass ich ein Riesenbedürfnis hatte, mit der erweiterten Familie über meinen Papa zu reden. Ich traf mich mit Tanten und Onkeln, meinen Cousinen und Cousins. Ich nutzte jede Gelegenheit, mir ein genaueres Bild von meinem Vater zu machen. War er wirklich der Mensch gewesen, den ich in Erinnerung hatte? Nach und nach stellte ich fest, dass mein Erfolg und die harte Arbeit viele seelische Befindlichkeiten verdeckt hatten. Meine Wut und mein Jähzorn, mit denen ich in meiner Jugend so gekämpft hatte, waren mir ja bestens bekannt – nur kannte ich die Ursache für diese Gefühle nicht. Zudem erwischte ich mich immer wieder dabei, dass ich in Melancholie verfiel. Auch das konnte ich mir nicht erklären. Solche Gemütszustände hatte meine Mutter nicht, daher beschloss ich, im familiären Umfeld meines Vaters nach Erklärungen zu suchen.

Abgründe taten sich auf. Es fällt mir heute noch schwer, in die Details zu gehen, und ich halte mich bewusst mit Realnamen zurück, um niemand aus der Familie in Bedrängnis zu bringen. Nach monatelanger Recherche setzte sich aus vielen Puzzleteilen ein Bild zusammen. Ein grauenhaftes Bild: Die Mutter meines Vaters erhängte sich auf dem Dachboden, weil sie die seelischen und körperlichen Grausamkeiten ihres Ehemannes nicht länger ertrug. Dort fanden sie die elfjährigen

Zwillingsbrüder meines Vaters. Die Polizei wurde gerufen, nahm die Jungs mit und sperrte sie eine Woche in eine Gefängniszelle. Von dieser Erfahrung haben sich beide nie wieder richtig erholt. So lustig und herzensgut sie auch als Erwachsene erschienen, ihre seelischen Wunden waren offensichtlich zu groß, denn mit Ende vierzig nahmen sie sich unabhängig voneinander fast zeitgleich das Leben. Über diese tragischen Vorfälle hat mein Vater nie mit mir gesprochen. Geschweige denn darüber, was die Ereignisse mit ihm gemacht hatten und wie er sie verarbeitet hatte. Bei Papas anderen Geschwistern gab es teilweise ebenfalls erhebliche Lebenskrisen und Abstürze. Auch meinen Cousinen und Cousins sind dunkle Gemütsstimmungen nicht unbekannt. Die Schwermut zieht sich wie ein roter Faden durch unsere Sippe.

Ein paar Erkenntnisse waren auch für mich sehr schmerzhaft. Unter anderem wurde mir von verschiedenen Seiten glaubhaft versichert, dass mein geliebter Papa seinen Jähzorn nicht immer im Griff hatte, als ich noch klein war. Was zur Folge hatte, dass er mich des Öfteren ordentlich versohlte. Das war neu für mich. Ich konnte mich überhaupt nicht daran erinnern! Ich wusste, dass er wütend werden konnte, aber nichts mehr von einer richtigen Tracht Prügel. Er hat wohl irgendwann den Schalter für sich gefunden, seine Entgleisungen gestoppt und ist der geworden, den ich bis heute in Erinnerung habe: ein warmherziger, sehr besonnener Vater, der immer für mich da war.

Ich kann nicht verhehlen, dass die Berichte über Papas Gewaltausbrüche mich stark verunsichert haben. Ich fragte mich: Muss ich ihn neu bewerten? Muss ich unser Verhältnis anders einordnen? Das hat mich längere Zeit schwer beschäftigt, in der ich alles infrage stellte. Den Rat einiger Freunde befolgend, habe ich dann mit Therapeuten gesprochen. Nun wurde vieles klarer: Ich begriff, dass es nicht auf Bewertungen ankam, sondern dass es darum ging, Erklärungen für das Handeln meines Vaters zu finden. Außerdem erkannte ich, dass ich Papa in seiner Gesamtheit betrachten musste. Mit all seinen guten und auch schlechten Seiten. Einen Menschen zu lieben, heißt eben auch, seine Schwächen zu akzeptieren, denn niemand von uns ist perfekt.

Schließlich wurde mir bewusst, was die eigentliche Lebensleistung meines Vaters war – die Tyrannei meines Großvaters zu überwinden, die Gräuel des Krieges hinter sich zu lassen und vor allem auch die eigenen Dämonen in die Schranken zu weisen. Beim Gedanken daran, dass er die Tür zum Vermächtnis seines brutalen Vaters geschlossen hat und seiner eigenen Familie so viel Liebe geben konnte, wird mir immer warm ums Herz. Wie viel Stärke hat er bewiesen, die Tragödie nicht weiterzuschreiben und trotz des Schattens, der auf seiner Seele lastete, ein erfülltes Leben zu führen! Das war sicher ein Grund, warum er Mama und uns Kinder so geliebt hat: Wir waren für ihn die Sonnenseite des Lebens – vielleicht sogar die Rettung.

In dieser Zeit lief die Atze-Maschine hochtourig weiter. Ich war permanent am Limit. Sicherlich wegen der vielen Arbeit und der Touren, aber auch wegen meines fatalen Hangs zur After-Show-Party. Ich konnte interessanten Zeitgenossen noch nie gut aus dem Weg gehen. In meinem Job gibt es ständig Gründe zu feiern, und ich habe danach gesucht.

Wenn man das Letzte aus sich herausholt, darf man sich nicht wundern, dass irgendwann eine Grenze überschritten ist und der Motor überhitzt. Über Jahre hinweg hatte ich der Agentur eingetrichtert: Wir nehmen mit, was geht! Wer wusste schon, wie lange so eine Karriere dauerte? Wahrscheinlich lag mein Eifer auch darin begründet, dass wir zu Hause jeden Pfennig zweimal umgedreht hatten. Mein Motto war: „Lasst uns alles abräumen, in zwei Jahren ist es vielleicht vorbei!"

Es gab Tage mit bis zu vier Terminen. Wenn etwas zeitlich nicht passte, wurde halt ein Hubschrauber gechartert. Wie gesagt, ein absurdes Programm: morgens in Köln eine RTL-Show und nachmittags *Frag doch mal die Maus* für die ARD mit dem einzigartigen Eckart von Hirschhausen. Abends zwei Stunden Vollgas am Mikrofon in Frankfurt, dann ins Auto, ab nach Düsseldorf, um eine Gala mitzunehmen. Anschließend wieder nach Köln an die Hotelbar, wo ich bis in die frühen Morgenstunden das Adrenalin raustrank. Das war im Herbst 2013. So bleibt man fit, praktisch unkaputtbar! Dachte ich zumindest. Morgens eine Ibuprofen und eine Apfelschorle – gesünder konnte man nach meiner damaligen Meinung nicht in den Tag starten. Sport machte ich auch nicht mehr, das fiel mir allerdings erst später auf. Ich versuchte sogar mehrfach, mit dem Rauchen anzufangen, hatte dafür aber einfach keine Zeit. Klingt alles absurd, aber damals war das mein bekloppter Kosmos. Arbeit, Arbeit, immer weiter, nicht nachdenken. Keine Atempause, Geschichte wird gemacht, es geht voran! Ratschläge aus meinem Freundeskreis erreichten mich nicht mehr. Stattdessen berauschte ich mich an den Lobhudeleien der Claqueure:

„Du bist der Härteste!"

Oder: „Wenn du die Nacht durchgemacht hast, bist du auf der Bühne am besten!"

Oder: „Das ist unser Atze, den kriegst du nicht kaputt. Robuster als ein T-1000. Der Keith Richards der Comedy!"

Töne zeigte, wie ich selbst, eine ambivalente Reaktion. Einerseits ermahnte er mich immer wieder, einen Gang zurückzuschalten. Auf der anderen Seite testete er als Freund mein

Stehvermögen. Wenn er sagte: „Alter, du bist echt der Härteste!", schwang immer etwas Bewunderung mit. Ich bewunderte mich ja selbst und wollte nur zu gern glauben, dass das alles wahr sei. Also legte ich mir ein perfides System zurecht: Ich strickte an meiner eigenen Legende und verdrängte die Realität. Ich bekam gar nicht mit, wie der ICE „Atze Schröder" führerlos auf den Abgrund zudonnerte. Einsame Mahner in der Wüste ignorierte ich. Sogar Till, der Besonnenste meiner Freunde, drang nicht mehr zu mir durch. Wenn er gebetsmühlenartig wiederholte: „Mach, was du willst, aber ich sage dir, du siehst echt scheiße aus!", fand ich das fürsorglich und wertete es als ehrlichen Freundschaftsbeweis, bremste mich allerdings immer nur kurz.

Es kam, wie es kommen musste.

Im April 2014, zwischen zwei Terminen in Köln, gingen Töne und ich in der Mittagspause am Rhein spazieren. Wir unterhielten uns angeregt. Plötzlich stellte ich fest, dass seit einigen Minuten nur noch er sprach. Das Merkwürdige war, dass ich nur noch Sprachfetzen vernahm, einen mäandernden Strom von akustischen Silben – Lärm, der jedoch keinen Sinn ergab. Als ob ich halluzinieren würde. Gleichzeitig verspürte ich eine große innere Unruhe. Ich wollte Töne verstehen, konnte es aber nicht. Das ängstigte mich derart, dass ich in Panik geriet. Das Gefühl war unheimlich, beklemmend, ich wollte nur noch, dass es aufhörte. Mir wurde schwindelig. Mein Betriebssystem befand sich im Overload. Schweißausbruch, Ohrenrauschen, alles war zu viel und zu laut. Ich war kurz vorm Durchdrehen. Meine Beine wollten auch nicht mehr, und ich setzte mich einfach auf den Bordstein. Kaum saß ich, wurde mir schwarz vor Augen, und ich schaute wie durch einen Tunnel in ein schwarzes Loch. Kalter Schweiß stand mir auf der Stirn.

Töne war äußerst besorgt und fragte dauernd: „Geht's dir gut, Atze? Was ist los? Ist dir schlecht?"

Ich hatte keine Ahnung, was los war. Ich wollte nur noch zurück ins Savoy, und vor allem wollte ich, dass Ruhe einkehrte. Das Rauschen in meinen Ohren machte mich völlig kirre. Töne hakte mich unter und schleppte mich aufs Zimmer.

„Soll ich mich um einen Arzt kümmern? Soll ich die Termine für heute lieber absagen?"

Ich schüttelte den Kopf: „Ist bestimmt gleich vorbei. Ich leg mich mal 'n bisschen hin. Ein kleines Mittagsschläfchen, dann geht es schon wieder."

Töne ließ mich allein zurück, natürlich nicht, ohne mir zu versichern, dass er sofort am Start wäre, falls ich Hilfe brauchte.

Im Zimmer fiel mir nichts Besseres ein, als mich vor den Badezimmerspiegel zu stellen. Ich starrte in mein leeres, aschfahles Gesicht und sah plötzlich uralt aus. Wie ein ausgemergelter Geist. Was sehr seltsam war, war die Tatsache, dass ich mich wie einen Fremden im Spiegel sah. Als ob ich gar nicht ich wäre! Ich nahm meinen Nassrasierer und versuchte, die Klingen konzentriert zu betrachten. Ging nicht. Mechanisch schäumte ich mein Gesicht ein und rasierte mich. Dann legte ich mich ins Bett und schlief bibbernd vor Kälte ein.

Wie lange ich dagelegen habe, weiß ich nicht mehr. Wach wurde ich erst, als Töne an meine Zimmertür hämmerte. Ich hob meine bleischweren Augenlider, schleppte mich zur Tür und ließ ihn ins Zimmer. Ich hatte nach wie vor nicht den blassesten Schimmer, was mit mir los war.

Wir setzten uns auf die Bettkante. Um die Situation etwas aufzulockern, versuchte ich ein Witzchen: „Na, bist du jetzt

zufrieden? Hast du es endlich geschafft, mich mit deinen ganzen Terminen fertigzumachen?"
Verständlicherweise konnte er überhaupt nicht darüber lachen. Ich glaube sogar, er war kurz davor, mir eine reinzuhauen. Eine Pause entstand, die mir endlos vorkam. Dann hielt er einen Monolog.
„Ich würde mal sagen, du hattest eine ausgewachsene Panikattacke. Das wundert mich nicht, mich wundert nur, dass es so spät passiert ist. Ich rechne schon seit Jahren damit. Weißt du was? Es gibt Leute, die zünden eine Kerze an beiden Enden an, aber du versuchst auch noch, sie in der Mitte durchzubrechen. Wie oft habe ich dir gesagt, das geht nicht gut? Du kannst nicht immer nur im roten Bereich drehen! Das packt der beste Motor nicht. Selbst wenn dein Körper noch mitmacht, was eh schon ein Wunder ist, dein Kopf ist schon seit Jahren in Gefahr!"
Ich war nicht vorbereitet auf so eine Standpauke und wollte das auch gar nicht hören.
„Mann, Töne, jetzt übertreib mal nicht, ich bin doch nicht Jopie Heesters. Wahrscheinlich hab ich nur 'ne kleine Erkältung!"
Er sah mich an und schüttelte den Kopf: „Du willst es nicht verstehen, du Sturkopf. Gesteh dir doch einmal ein, dass du nicht unkaputtbar bist. Wie blauäugig kann man denn sein? Ich sage jetzt alle Termine für die nächsten zwei Wochen ab. Auf keinen Fall lass ich dich auf die Bühne. So geht's nicht weiter, so kann es nicht weitergehen, so darf es nicht weitergehen!"
Er verließ das Zimmer und knallte die Tür hinter sich zu.
Da saß ich nun, müde, ausgelaugt, aber immerhin frisch rasiert auf dem Bett und ließ seine Standpauke auf mich wirken. Er hatte natürlich recht, wenn auch nur ein bisschen. Leider ein bisschen viel.

Die Agentur schaffte mir ein paar unliebsame Termine vom Hals, damit ich mich regenerieren konnte. Von da an ging ich nicht mehr in jede TV-Show. Dadurch, dass der Terminkalender nicht mehr ganz so prall gefüllt war, ergaben sich endlich ein paar Freiräume. Planlos ließ ich mich treiben: Berlin, Hamburg, Mallorca, München. Ich versuchte, mich nur dort aufzuhalten, wo ich auch wirklich sein wollte. Freunde und Familie reagierten etwas verstört, denn ich versorgte meine Lieben nur mit den notwendigsten Informationen über meine Gefühlslage. Einige kamen damit gut zurecht, andere machten sich große Sorgen. Mir war das damals egal, ich kümmerte mich nur noch um mich selbst.

Mittlerweile hatte ich eine Wohnung in München, wusste aber leider immer noch nicht, wie man so etwas betreibt. Am ärgerlichsten war, dass keiner aufräumte und putzte. Sehr verstörend fand ich auch, dass die Room-Service-Taste am Telefon fehlte. Aber ich wollte dazulernen, wollte endlich ein lebensfähiger Mensch werden, der sich den Realitäten stellte. Meinen Fenstern zum Beispiel: Sie waren so dreckig, dass ich die graue Novembertristesse kaum noch ertrug! Dabei war doch erst Juli, was ich allerdings nur bei geöffnetem Fenster sehen konnte. Ich schaute mir auf YouTube ein Fensterputz-Tutorial an und wagte das Undenkbare. Stolz wie Oskar marschierte ich zu Rossmann, kaufte mir einen Eimer, einen Lappen, Fensterfitsche und Glasreiniger. So machten es die Profis, so begab ich mich zu Hause frisch ans Werk. Nach fünf Minuten fiel mir der Eimer mit dem mittlerweile dreckigen Wasser von der Fensterbank, direkt ins Bett. Alles war pitschnass und versaut. So konnte es nicht weitergehen! Ein kurzer Anruf im Bayrischen Hof, und ich bekam Tommy Gottschalks Lieblingssuite. Dort erholte ich mich zwei Wochen lang von der Putzkatastrophe. Trotzdem war ich stolz auf mich, denn ich hatte was gelernt: Ich taugte einfach nicht für eine eigene Wohnung. Jedenfalls nicht, wenn ich der einzige Bewohner war. Erkenntnis hin oder her – schon ein paar Wochen später schipperte ich mit meinem Boot im Mittelmeer herum. Hier kam ich endlich zur Ruhe. Das Meer, die endlose Weite und die Nächte vor Anker taten meiner Seele gut. Falls jemand das noch nie erlebt hat: Die permanenten Bewegungen des Bootes beruhigen selbst den gestresstesten Menschen. Das beste Beispiel dafür war Töne. Mein Freund und Manager konnte noch so angespannt an Bord gehen – zwei Stunden später zwang ihn das Geschaukel zu einem Nickerchen.

Im WM-Sommer 2014 nahm alles ein gutes Ende: Deutschland wurde Fußballweltmeister, und ich fand wieder zu mir, fand meinen Seelenfrieden wieder. Ich hatte mich lange genug mit unserer Familiengeschichte beschäftigt und versucht, mich durch exzessives Arbeiten von der Aufarbeitung dieser Tragödien abhalten zu lassen. Der Hauptgrund für meine Krise war vielleicht: Ich war nicht damit zurechtgekommen, dass mein Vater nicht der strahlende Held war, den ich immer in ihm gesehen hatte. Seine jähzornigen Gewaltausbrüche konnte ich ihm jetzt verzeihen, denn er war für mich zum Menschen geworden. Menschen machen Fehler, sie sind nicht perfekt, auch die guten nicht! Er war durch die Hölle gegangen. Die Grausamkeit des Krieges, die Grausamkeiten seines Vaters – all das aus seinem Leben zu verbannen, war mit Sicherheit nicht leicht. Am Ende hatte die Liebe aber gesiegt. Und mit dieser Liebe konnte ich mich nun vollständig verbinden.

Als der Sommer 2014 sich dem Ende zuneigte, wurde das Meer unruhiger. Also steuerte ich endlich wieder einen Hafen an. Meinen Heimathafen!

Versöhnt mit mir selbst, beruhigt und glücklich rief ich Till an, und wir verabredeten uns für Ende September, um an einem neuen Programm zu arbeiten. Den Titel hatte ich schon: *Richtig Fremdgehen*. Ich konnte es kaum erwarten, mit frischer Energie wieder ans Werk zu gehen.

RICHTIG FREMDGEHEN

Till und ich trafen uns in Hamburg im Hotel. Er wurde das erste Opfer meines neuen Bewusstseinszustandes. Jeden Morgen erschien er mit dem Laptop unterm Arm zum Frühstück und wollte sich voller Eifer in die Arbeit stürzen. Das konnte ich ihm nicht verübeln – mit dieser Effizienz hatten wir immerhin zwischen zwei Tourneen schon *Und dann kam Ute* geschrieben, ein wunderbares, witziges und warmherziges Buch, in dem sich der alte Sprücheklopfer Atze von seiner romantischen Seite zeigt: verliebt in die kluge, empathische Waldorfschullehrerin Ute, die Atzes Herz zusammen mit ihrem Sohn im Sturm erobert ...

Aber in Hamburg, wunderbar ausgeruht und mit der noch frischen Erinnerung an die Panikattacke, ging es mir nicht mehr um Effizienz. Ich wollte einfach Spaß am Schreiben haben, Zeit mit Till verbringen, mich mit ihm austauschen. Über das Leben reden. Unsere Gespräche über Gott und die Welt würden eine gute Basis für neue Atze-Inhalte, da war ich mir sicher. Nach einer Woche stand noch immer kein Wort auf Papier. Aber meine Laune war bestens! Am siebten Tag fanden wir dann den Einstieg ins neue Programm. Wir spazierten gerade an der Alster, als ich Till unvermittelt fragte: „Was ist das Wichtigste beim Fremdgehen?"

Er überlegte kurz. „Es sollte sich auf jeden Fall lohnen!"

Die anderen großen Fragen waren dann auch schnell auf dem Zettel: Warum gehen Menschen fremd? Ist der Mensch überhaupt für Treue gemacht? Ist Monogamie eine Erfindung der katholischen Kirche? Warum wird die Treue zum Ideal erhoben, wenn doch jede dritte Ehe geschieden wird? Was hat man vom Fremdgehen? Sind es wirklich die verbotenen Früchte, die am besten schmecken?

Die neue Arbeitsweise gefiel uns beiden. Wir nahmen uns einfach Zeit und verspürten weniger Druck als sonst. Dadurch bekam das Programm wesentlich mehr Tiefe. Noch während der Preview-Phase schrieben wir in Ruhe weiter. Das Publikum war begeistert, aber vor allem wir selbst. Jeden Tag fügten wir neue Puzzleteile hinzu, und als es im Januar 2015 in die großen Hallen ging, war ich mehr als zufrieden. Die *Richtig-Fremdgehen*-Tour wurde die erfolgreichste Tournee, die ich bis dahin gespielt hatte. Und das nach zwanzig Jahren im Geschäft!

Ich freute mich über eine zunehmend positive Berichterstattung zu meinen Auftritten. Nachdem ich in den beiden Jahrzehnten zuvor für die Presse eher der Prügelknabe mit dem Flachwitz war, sozusagen der proletarische Zotenreißer, entdeckte die Journaille nun die Metaebene der Atze-Welt. Eben genau das, wofür ich mir mit Till so viel Zeit genommen hatte: Die Figur Atze Schröder stand neuerdings mehr im gesellschaftlichen Zusammenhang und karikierte diverse Strömungen. Natürlich ging es weiterhin um Sex, Machos und Prahlerei auf dem Affenfelsen – aber wer genau zuhörte und einige Nummern zu Ende dachte, konnte Kritik und Ironie entdecken. Clara Ott fasste das in der *Welt am Sonntag* so zusammen:

„Bisher verkörperte der Komiker Atze Schröder den prolligen Macho. Doch die Flüchtlingskrise und sein 50. Geburtstag haben den Mann hinter der Figur verändert – und das soll sich auf Atze auswirken."

GHANA

Ende 2015 telefonierte ich mal wieder mit Bettina Landgrafe von der Organisation Madamfo Ghana, auf Deutsch „Freunde Ghanas". Bettina, seit fünfzehn Jahren Initiatorin von Hilfsprojekten in ebendiesem Land, berichtete von einem Kinderheim in der Nähe der Provinzhauptstadt Ho und wie sich die Projekte insgesamt entwickelten.

Zu unserer Zusammenarbeit kam es Ende 2009. Das Ganze fing damit an, dass ich als Promi-Kandidat in Günther Jauchs Quizshow *Wer wird Millionär?* auftrat. Ich werde nie vergessen, wie ich Herrn Jauch als letzter Promi in der Show gegenübersaß. Die Aufzeichnung dauerte schon über zwei Stunden, und im Studio wurden nicht nur die Kandidaten müde. Das ganze Team, die Kameraleute, das Publikum – alle hatten einen Durchhänger. Als ich endlich auf dem berühmten Hocker saß und mühsam versuchte, das Studiopublikum zu unterhalten, hatte Töne hinter den Kulissen eine Top-Idee: Er ließ uns eine Flasche Champagner bringen. Und Günther, wie ich ihn bald nennen durfte, war begeistert! Schampus für lau war genau das Richtige für ihn, den Sparfuchs. Mit jeder Fragerunde wurden wir beschwipster. Ab Frage 5 tranken wir Brüderschaft vor laufender Kamera. Schon ordentlich angetütert gewann ich dann 500 000 Euro. Ein respektables Ergebnis! Töne und ich waren äußerst zufrieden. Beschwingt ging es zur After-Show-Party, denn die halbe Million musste natürlich amtlich begossen werden.

Als ich am nächsten Tag in meinem Kölner Hotel die Augen aufschlug, dachte ich zum ersten Mal darüber nach, was ich mit dem Geld anstellen sollte. Alle Promis verpflichteten sich ja, die in der Show erspielte Summe für wohltätige Zwecke zu spenden. Ich überlegte hin und her, konnte mich aber für nichts richtig erwärmen. UNICEF oder das Deutsche Rote Kreuz haben einen Riesenverwaltungsaufwand – wie das so ist bei solchen weltumspannenden Organisationen –, da blieb eventuell zu viel von der Kohle hängen. Das wollte ich vermeiden. Darum ließ ich mir Zeit mit meiner Entscheidung.

Dann kam mir der Zufall zu Hilfe. Ein befreundeter Arzt, der in Ghana immer wieder auf eigene Rechnung Operationen durchführte, erzählte mir, dass er dort eine Krankenschwester kennengelernt hatte. Er schwärmte in höchsten Tönen von ihrem Engagement. Diese Frau, Bettina Landgrafe heiße sie, habe einen Verein aufgebaut, der in dem afrikanischen Land verschiedenste gemeinnützige Projekte umsetze. Er besorgte mir den Kontakt, und ich rief Bettina einfach mal an. Nach dem Gespräch war ich war total begeistert. Genau so etwas hatte ich gesucht! Wir vereinbarten schnell ein Treffen, und sie stellte mir ihre Organisation ausführlich vor. Die Chemie zwischen uns stimmte auf Anhieb. Bettina konnte das Geld gut gebrauchen und hatte auch direkt ein geeignetes Projekt für meine Spende: ein Kinderkrankenhaus in einer Gegend Ghanas, wo es weit und breit keine solche medizinische Einrichtung gab.

Mit RTL war schnell alles geklärt. Wir vereinbarten, dass ein Kamerateam zur Grundsteinlegung der Klinik vor Ort sein würde, um Madamfo Ghana e. V. eine größtmögliche Öffentlichkeit zu verschaffen. Bettina schlug mir dann vor, doch schon eher nach Ghana zu reisen, damit sie mir das Land und ihre Mitarbeiter näherbringen konnte. Für mich, der sich schon immer gewünscht hatte, mal nach Afrika zu reisen, ging ein Traum in Erfüllung.

Sechs Monate später war es so weit. Wer schon mal in Westafrika war, weiß, wie viele Impfungen nötig sind, um nicht durch die Umstände vor Ort zu erkranken. Gelbfieber, Typhus, Hepatitis – was den dort lebenden Menschen (und Reisenden) nicht alles schwer zu schaffen macht! Dennoch war meine Vorfreude riesig. Ich reise sowieso gerne, aber Afrika stand auf meiner Liste ganz oben. Seit mein Vater mir als Kind ein Buch geschenkt hat, in dem erklärt wurde, wo der Kakao herkam. Dieses Buch habe ich jahrelang gehütet wie einen Schatz.

Von Frankfurt aus flog ich mit der Lufthansa nach Accra, der Landeshauptstadt. Wie üblich war ich völlig unbedarft und hatte im Prinzip keine Ahnung, was mich in Ghana erwartete. Im Vorfeld der Reise hatten mich Freunde und Bekannte vor allen möglichen Gefahren gewarnt. Unter keinen Umständen aus dem Hahn oder öffentlichen Brunnen trinken, Vorsicht mit dem Essen, auf Giftschlangen achten – die Liste der gut gemeinten Ratschläge war lang. Beim Landeanflug kam mir zudem der Gedanke, dass ich zum ersten Mal im Leben zu Gast in einer mehrheitlich schwarzen Gesellschaft sein würde. Hoffentlich, dachte ich, musst du jetzt nicht für den Rassismus büßen, dem die Schwarzen so oft in der weißen Welt ausgesetzt sind.

Meine Befürchtungen sollten sich nicht bestätigen. Der Empfang in der Flughafenhalle war überwältigend. Bettina empfing mich mit einigen Mitarbeitern, und von der ersten Sekunde an waren die Ghanaer so herzlich zu mir, dass mir ein ums andere Mal die Tränen kamen.

Wir hatten dann 14 Tage Zeit, bevor das RTL-Team kam. Die ersten beiden Tage blieben wir in Accra. Das Leben in der ghanaischen Hauptstadt pulsiert derart, dass ich ein ganzes Jahr dortbleiben könnte und keinerlei Langeweile aufkäme. Für einen neugierigen Menschen wie mich gab es überall etwas zu entdecken – es war eine unglaubliche Erfahrung. Madamfo Ghana hatte das zentrale Büro ebenfalls in Accra, und zwar im Wohnhaus von Bettina. Anschließend unternahmen wir eine Rundreise, die mit das Schönste war, das ich je erlebt habe. Es gibt ja die alte Weisheit, dass Afrika die Menschen, die zu Besuch kommen, für immer verändert. Ich kann das zu hundert Prozent bestätigen. Jeder sollte die Wiege der Menschheit einmal gesehen und erlebt haben.

Ghana ist landschaftlich ein wunderschönes Land, aber die eigentliche Attraktion sind die Ghanaer selbst. Diese unfassbare Gastfreundschaft, diese Offenheit, mit der ich überall empfangen wurde, all das verschlug mir immer wieder die Sprache. Ein besonderes Ziel unserer Reise war Cape Coast. Dort steht ein Fort, das schon 1632 von den Europäern als Militärstützpunkt gebaut wurde und heute als UNESCO-Weltkulturerbe zu besichtigen ist. Das Erschütternde an diesem Ort ist, welch unglaubliches Verbrechen dort geschehen ist: Festungen wie diese dienten ab etwa 1700 als Gefängnisse für Sklaven, die in europäische Kolonien auf der ganzen Welt verschifft wurden. Ungefähr 70 000 Sklaven pro Jahr. Jahrhundertelang wurden Menschen aus Afrika entführt, wie Vieh gehandelt, verladen und transportiert. Deshalb wird das historische Fort als Gedenkstätte erhalten. Unter anderem gibt es dort eine 350 Jahre alte Tür zum Meer hinaus, wo damals die Sklavenschiffe ankerten, um die Gefangenen nach Amerika zu transportieren. Die Inschrift über der Tür lautet: „Door of No Return". Ein grauenvoller Ort! Ein Schandfleck der Menschheit, vor allem für die weißen Kolonialmächte.

Als ich 2010 in dieser Burg stand und die kleinen Verliese betrachtete, in denen Tausende von Sklaven unter menschenunwürdigen Bedingungen gefangen gehalten wurden, bekam ich eine Gänsehaut. Dicke Tränen liefen mir über die Wangen. Eine Gruppe ghanaischer Studenten beobachtete mich und kam auf mich zu. Ich sagte ihnen, wie leid mir das alles täte, versuchte ihnen zu erklären, wie sehr ich mich als Weißer schämte für „meine Leute". Anstatt mich mit irgendwelchen Vorwürfen zu konfrontieren, nahmen sie mich tröstend in den Arm und sagten: „Es ist ja nicht deine Schuld!"

Da musste ich natürlich noch mehr heulen, beruhigte mich dank der Herzlichkeit der Studenten aber bald. Wir sind dann im Meer baden gegangen und haben einen wunderbaren Nachmittag zusammen verbracht. Zu allem Überfluss schenkte mir einer der Jungs zum Abschied noch eine große Muschel, die er mit „To our friend Atze" beschriftet hatte.

Einige Tage später ging es mit dem Flieger nach Sunyani, einer größeren Stadt in der Mitte des Landes, unweit der Grenze zur Elfenbeinküste. Von dort fuhren wir mit mehreren Jeeps zu einem „Dorf" weiter nördlich im Busch mit rund 15 000 Einwohnern. Genau hier sollte das Kinderkrankenhaus gebaut werden, und wir waren zur Grundsteinlegung eingeladen. Alle im Dorf waren natürlich aufgeregt, man erwartete schließlich den „hohen Besuch eines Komikers aus Deutschland samt Kamerateam", und der Chief der Region gab einen großen Empfang für uns.

Alle, aber wirklich alle waren gekommen. Solche offiziellen Anlässe werden dort sehr ernst genommen, und ein genaues Protokoll muss eingehalten werden. Der Chief trug ein traditionelles Gewand. Auf dem Dorfplatz waren um die tausend Bürger versammelt, die konzentriert den Worten des Oberhauptes sowie der anderen Redner lauschten. Lautsprecher waren nicht nötig, weil alle mucksmäuschenstill waren und andächtig zuhörten. Irgendwann begrüßte unser Gastgeber die Gäste – mich als Sponsor, vor allem aber Bettina, die dort so viel Gutes tut. Er sagte auch noch, dass er für uns gebetet habe, damit es an diesem Tag nicht zu heiß würde, und er sei glücklich, dass seine Gebete erhört worden seien. Ich war sehr gerührt, allerdings auch verwirrt, denn selbst nach Einbruch der Dunkelheit hatten wir noch 40 Grad Celsius. Von der Luftfeuchtigkeit ganz zu schweigen. Schönen Dank auch, Chief! Keine Ahnung, wie heiß es ohne seine Fürbitte gewesen wäre.

Diese Wochen in Ghana haben mich sehr beeindruckt und mein Wertesystem auf den Prüfstein gestellt. Seitdem ist es mir wenigstens zum Teil gelungen, die Neubewertung in mein Leben einfließen zu lassen.

Natürlich vergisst man im Alltag immer wieder, dass wir reichen Westeuropäer überwiegend mit dem Arsch in der Butter hängen. Aber seit ich die Armut mit eigenen Augen gesehen habe, hat sich mein Blickwinkel verändert. Oft hört man, die afrikanischen Länder seien doch reich an Bodenschätzen, die Afrikaner könnten sich eben nicht selbst versorgen – die üblichen Sprüche eben, die rausgehauen werden, ohne großartig nachzudenken. Tatsache ist aber: Wir Europäer haben den afrikanischen Kontinent über Jahrhunderte hinweg systematisch ausgeplündert, politisch und wirtschaftlich beeinflusst und missbraucht.

Vor Bettina Landgrafe und ihrer Organisation ziehe ich den Hut. Ich staune immer wieder, mit wie viel Kraft und Hingabe sie ihre Arbeit durchziehen. In Ghana wird Bettina ehrfurchtsvoll „Weiße Nana" genannt. Das ist ein jahrhundertealter, ehrfürchtig verwendeter Titel und bedeutet in etwa, dass sie eine Eminenz, ein soziales Oberhaupt ist. Meine Erkenntnis aus dem Ganzen: Es ist immer richtig, Menschen wie Bettina durch Spenden zu unterstützen. Ohne solche selbstlos Helfenden wäre die Welt sicherlich ein schlechterer Ort.

Was die Welt für mich nicht schlechter, sondern besser machte, war ein Interview in der *Welt am Sonntag*, das Clara Ott im Herbst 2015 mit mir führte. Im Gespräch mit Frau Ott kündigte ich unter anderem an, dass ich mich auf der Bühne mit der Flüchtlingskrise auseinandersetzen wollte und dass auch andere gesellschaftlich relevante Themen im Programm berücksichtigt werden sollten. Im August hatte Kanzlerin Merkel den legendären Satz „Wir schaffen das!" rausgehauen, was leider nicht in allen Teilen der Bevölkerung auf Begeisterung stieß. Speziell am rechten Rand machten populistische, antidemokratische Kräfte mobil, deren Umtriebe ich besorgniserregend fand.

Till und ich saßen nächtelang zusammen und überlegten, wie wir Tendenzen wie die stärker werdende Fremdenfeindlichkeit im nächsten Programm verarbeiten könnten, ohne die Zuschauer mit belehrenden Vorträgen zu langweilen. Das hat mich am deutschen Kabarett schon immer gestört: dieser bornierte erhobene Zeigefinger und die arrogante Besserwisserei. Viele Kabarettisten behandeln uns Comedians von oben herab, weil wir das Publikum angeblich nur zum Lachen bringen. Mich widert dieses Schubladendenken an. Ich habe mir immer die Freiheit herausgenommen, gesellschaftliche Missstände zu kritisieren, aber eben mit dem Grundsatz zu unterhalten. Wenn der „anspruchsvolle" Teil dann nur zehn Prozent des Gesamtvortrags ausmacht, macht das den Abend doch nicht wertloser.

Unsere Vorbereitungen mündeten in das Programm *Turbo*. Bei diesem Titel dachten alle natürlich sofort an den Porsche 911 Turbo S. Till und ich hatten aber noch jede Menge andere Assoziationen verarbeitet, von denen der maßlose Turbokapitalismus nur eine war. Der Begriff „Turbo" passte einfach bestens zum Zeitgeist: Die sozialen Medien entwickelten sich rasend schnell, die Modetrends waren teilweise nicht länger als vier Wochen aktuell, und selbst auf den Datingportalen schien sich alles nur noch um die schnelle Nummer zu drehen. Turbosex war in aller Munde, und für Achtsamkeit war in unserer Turbogesellschaft anscheinend kein Platz mehr. Nachhaltigkeit oder Fridays for Future waren zu der Zeit noch kein großes Thema. Stattdessen machte sich Donald Trump mit orange gefärbtem Haar eifrig daran, die Werte der westlichen Welt mit Füßen zu treten – ein gefundenes Fressen für Komiker in aller Welt.

Ich verspürte das Bedürfnis, mich aus meinem selbst gebastelten Kokon zu befreien und mich als Privatperson ein wenig mehr zu öffnen. Jahrelang war ich, auch juristisch, gegen alle Versuche vorgegangen, mein Privatleben öffentlich zu machen. Natürlich um meine Familie zu beschützen, aber auch, um mich selbst nicht zu schädigen. Ich hatte nie richtig Lust, mich den Boulevardmedien privat hinzugeben. Die Storys von Prominenten, die intimste Details aus ihrem Leben verraten haben, sind ja bekannt. Das prominenteste Beispiel ist sicher Boris Becker. Über Stefan Raab weiß die Öffentlichkeit so gut wie nichts. Gegensätze: Verona Pooth breitet ihr Familienleben nur allzu gern aus, nicht nur in der Presse, sondern auch bei Instagram. Und Babara Schöneberger würde sich wohl eher nicht dazu hinreißen lassen, mit Mann und Kindern in einem Werbespot aufzutauchen.

ZURÜCK IN DIE ZUKUNFT

Die Zeiten ändern sich, die Welt dreht sich weiter. Mir gefällt das. Ich bin ein neugieriger Mensch und gerne bereit, erst mal alles gut zu finden. Menschen, die finden, dass früher alles besser war, haben mich nie beeindruckt. Blödsinn! Mein Credo ist meistens: Früher war auch alles scheiße! Gerade wenn alte Menschen sich ihre Neugierde bewahrt haben, finde ich das äußerst sympathisch.

Als ich bei *Wetten, dass ...?* in Nürnberg einmal backstage Karl Lagerfeld kennenlernen durfte, kam ich aus dem Staunen nicht mehr heraus. Der große Lagerfeld, damals schon über achtzig, stand schon zwei Stunden vor Beginn der Show im Cateringbereich und unterhielt sich mit jedem. Dabei war er schon im vollen Ornat und in Maske. Quasi gepudert und gefiedert. Ihm war es egal, ob Hausmeister oder Weltstars vorbeikamen – Karl interessierte sich einfach für alle. Ein Gespräch mit der Olympiasiegerin im Fechten, Britta Heidemann, über ihre Medaille in Peking, dann Small Talk mit einigen Hip-Hoppern über Raptexte, ein Pläuschchen mit Salma Hayek über deutsches Sauerkraut (kein Scherz) und schließlich mit mir. Ohne mein Programm zu kennen, bewunderte er mich von ganzem Herzen für meine Mission. In Deutschland Geld mit Komik zu verdienen, schien für ihn bereits der größte Witz zu sein.

Alice Schwarzer, auch eine der ewig Neugierigen, hat mich ebenfalls beeindruckt. Obwohl unsere Welten auf den ersten Blick ja so gar nicht kompatibel sind, haben wir uns hinter den Kulissen immer bestens verstanden und herzlich rumgealbert. Gleichwohl fragte sie immer sehr interessiert nach, was ich gerade machte, wie das Leben auf Tour und die Suche nach der nächsten Pointe sich gestaltete. Außerdem ist sie mit zarten achtzig Jahren noch immer eine der streitbarsten Journalistinnen im Lande. Respekt!

Hubertus Meyer-Burckhardt von der NDR *Talkshow* hat mir gegenüber mal Folgendes festgestellt: „Es gibt für ältere Talkgäste nur zwei Grundrichtungen. Entweder sind sie prätentiös und triefen nur so vor Selbstergriffenheit, oder sie sind wunderbar bodenständig, neugierig und selbstironisch."

Wer würde ihm nach all den Jahren als Talkmaster widersprechen wollen?

Mittlerweile auch bei der heiklen Altersmarke „Ü50" angekommen, war mir völlig klar, zu welchem Lager ich gehören wollte. Die entscheidende Frage im Leben war doch: Will ich ein Arschloch sein oder mit meinen Mitmenschen einen anständigen Umgang pflegen? Zu den jungen Wilden gehörte ich definitiv nicht mehr. Nichts ist peinlicher als ein alter Sack, der sich bei der Jugend anbiedert. Genauso wenig wollte ich aber ein verkniffener Altstar werden, der ungefragt erklärt, warum die Jüngeren gar nicht lustig sind und dass man das Rad sowieso nicht neu erfinden kann. Worauf meistens noch eine Aufzählung der einstigen Heldentaten folgt, die natürlich kaum noch jemanden interessieren. Nichts ist so alt wie der Ruhm von gestern.

Neugierig bleiben! Das hatte ich mir auf die Fahnen geschrieben. Mit dem neu durchstartenden Medium Podcast war ich aber so gut wie gar nicht vertraut, als im Dezember 2018 per WhatsApp eine Einladung von Matze Hielscher zu seinem Interviewpodcast kam. Ich sagte spontan zu – ohne zu ahnen, was das bedeutete. Wir vereinbarten einen Termin für März 2019 in seinem Studio in Berlin.

In den kommenden Wochen hörte ich mir zahlreiche Podcasts an. Vor allem natürlich *Hotel Matze*, das erfolgreiche Format meines Gastgebers. Matzes Interviewstil war unaufgeregt und auf Strecke angelegt. Er nimmt sich viel Zeit für seine Gäste, die ja gewohnt sind, im Fernsehen oder auch im Radio gerade mal ein paar Minuten komprimiert sprechen zu dürfen. Bei solchen Promo-Terminen ist ein wirkliches Interesse am Privatleben oder an künstlerischen Inhalten oft nicht gegeben. Matze hingegen will möglichst alles von seinen Interviewpartnern wissen. Dementsprechend gut bereitet er sich auf seine Gäste vor.

Am Vorabend des Interviews in Berlin hatte ich noch einen Gastauftritt im Stand-up-Programm meines Freundes Oliver Polak. Außer Olli und mir war noch ein New Yorker Comedian dabei, der sehr lustige Kollege Godfrey. Die Party nach dem Auftritt ließ ich nicht ausufern, denn ich wollte für Matze einigermaßen fit sein. Am nächsten Morgen erschien ich pünktlich zum Interview und sagte noch zu meinem Tourmanager: „Hol mich in einer Stunde wieder ab, wir müssen ja noch zu unserem Termin nach Hamburg!"

War es Zufall, die Wohlfühlatmosphäre im Studio oder Matzes geschickte Interviewführung? Nach zweieinhalb Stunden war ich jedenfalls noch nicht wieder draußen. Nach dreieinhalb Stunden hatte ich mehr Privates von mir gegeben als in den zwanzig Jahren davor. Ich hatte mir offen und ehrlich ganz schön in die Seele schauen lassen.

Das Echo auf diese Folge von *Hotel Matze* war überwältigend, aber – typisch für mich – nicht von Anfang an. Zuerst lehnten Matzes Stammhörer die Person Atze Schröder uninteressiert ab. Dann sprach es sich offensichtlich herum, dass dieser Atze gar nicht mal so dummes Zeug von sich gab. Nach ein paar Wochen zählte die Folge dann zu den erfolgreichsten Ausgaben der Serie. Interessant war auch: Ich bekam ein Riesenfeedback auf allen Social-Media-Kanälen. Der Tenor der Nachrichten, Mails und Sprachnachrichten war immer der gleiche: Hätten wir nie von dir gedacht! So kann man sich in einem Menschen irren! Warum hast du das nicht längst mal erzählt?

Ehrlich erstaunt las ich das alles und fragte mich, wie ich die Ereignisse denn nun selbst einordnen sollte. Warum erschienen mir solche privaten Einsichten auf einmal mitteilungswert? War ich altersmilde geworden? Nein. Die Antwort war ganz simpel: Ich hatte mich hinreißen lassen. Das Ganze war wirklich nicht geplant und streng genommen das alleinige Verdienst von Matze Hielscher, der mich schön eingeseift und dann glatt rasiert hatte – und das meine ich nur positiv! Das ist sein großes Talent. Ich bin ihm sehr dankbar, dass er mich durch diese Tür gezogen hat.

Einmal dabei, beschloss ich, mir so etwas jetzt ruhig öfter zuzugestehen. So wurde der Künstler Atze Schröder für viele offensichtlich interessanter. Und vor allem empathischer, nahbarer. Das gefiel mir sehr gut, denn Wahrhaftigkeit und Authentizität sind in der lauten, grellen Welt der Unterhaltungsindustrie selten. Viele Künstler bedienen doch nur der Einfachheit halber die ganzen Projektionen und Label, die ihnen in der Öffentlichkeit angedichtet werden. Ich verurteile das nicht, habe ich auch immer gern getan, wenn ich merkte, dass es erwünscht war oder nicht anders zu regeln. Aber nun freute ich mich auf Gespräche und Porträts, bei denen es um echte Gefühle ging.

Ungefähr fünf Wochen vor dem Matze-Termin saß ich mit Till und Töne an der Bar des Savoy Hotels in Köln. Wir hauten uns Anekdoten aus dreißig Jahren Showgeschäft um die Ohren und kamen aus dem Geiern mal wieder nicht raus. Während Till lautstark nachäffte, wie er den vollgedröhnten Gitarristen Ace Frehley von der Hardrock-Band Kiss bei einer Preisverleihung des Musiksenders VIVA kennengelernt hatte, hielt ich mit einigen haarsträubenden Erlebnissen dagegen, die ich mit den Flippers hatte. Am Ende wussten wir nicht, welche Band härter drauf gewesen war. Wir bogen uns vor Lachen, die ganze Bar lachte mit. Plötzlich sagte Töne: „Hömma, ihr zwei Tortenheber! Wie wär's denn, wenn ihr das alles mal ins Mikro erzählt und einen Podcast macht?"

Da ich mir in Vorbereitung auf Matze schon einige der bekannteren Beiträge reingezogen hatte, wusste ich zumindest, was das war: ein Podcast. Till hatte wie üblich keine Ahnung, aber Gott sei Dank am nächsten Tag auch nichts Besseres vor.

Am nächsten Vormittag stiefelten wir gut gelaunt in ein bekanntes Kölner Tonstudio und nahmen drei Folgen à 50 Minuten auf, in denen wir die Geschichten vom Vorabend einfach noch einmal erzählten. Natürlich noch besser ausgeschmückt als an der Bar. Wieder amüsierten wir uns prächtig – Kunst muss ja vor allem den Künstlern Spaß machen. Beim Hinausgehen fragte uns der Studiochef, wie das Ganze denn überhaupt heißen solle. Ich überlegte nicht lange und rief ihm über die Schulter zu: „*Zärtliche Cousinen!*"

Till grinste über das ganze Gesicht, also gab es darüber auch keine Diskussion mehr.

Am Abend hatten wir alles schon wieder vergessen. Es gab Wichtigeres zu tun: Wir wollten im April zusammen nach Mallorca fliegen, um Witterung für das neue Atze-Programm *Echte Gefühle* aufzunehmen. Mitte April saßen wir mit rauchenden Köpfen am Küchentisch meiner kleinen Wohnung in Palma, als das Handy klingelte. Töne war dran: „Herzlichen Glückwunsch, Männer, ihr seid auf Platz eins in den Podcast-Charts!"

Hoppla, Donnerwetter. Der Podcast, die *Zärtlichen Cousinen* – die hatten wir völlig vergessen. Wir waren wirklich überrascht, taten Töne gegenüber aber so, als ob das gar nicht anders sein könnte bei zwei solchen Stimmungskanonen wie uns.

Von da an behaupteten wir bei jeder Gelegenheit, dass wir uns schon seit geraumer Zeit mit dem Medium beschäftigten und nichts dem Zufall überlassen hätten. Selbstverständlich stimmten wir Tönes Vorschlag zu, das Ganze im Rahmen einer Tournee auf die Bühne zu bringen. Schließlich konnten wir so noch mehr Zeit miteinander verbringen, und das auch noch bezahlt. Ein Riesenspaß! War es damals und ist es heute noch. Mittlerweile haben wir mehr als 130 Folgen aufgenommen – die *Zärtlichen Cousinen* haben eine ungewöhnlich treue Fangemeinde. Angefangen haben wir mit Anekdoten, und als die nach circa fünfzig Folgen erzählt waren, haben Till und ich uns auch bei diesem Projekt privat geöffnet und die Zuhörer, unsere *Cousinen*-Community, mit in unsere Seelenlandschaft genommen. Das hat uns noch enger mit den Hörern verbunden.

Im August 2019 startete ich dann zusammen mit dem Psychologen Dr. Leon Windscheid noch einen weiteren Podcast: *Betreutes Fühlen*. Wieder kam die Idee von unserer Agentur in Münster. Leon und ich passten offensichtlich überhaupt nicht zusammen, aber wir probierten es einfach mal. Anfangs waren wir beide skeptisch, ob das gut gehen würde: Promovierter Nerd Anfang dreißig trifft gut abgehangenen Komiker in den Fünfzigern ... Es brauchte ein paar Wochen, bis wir endlich hineinfanden und die Chemie zwischen uns stimmte. Doch dann setzte sich diese scheinbar krude Mischung aus Psychologie, Lebenserfahrung und ein bisschen Comedy im Herbst 2019 ebenfalls an die Spitze der Podcast-Charts.

Mittlerweile lieben Leon und ich uns sehr, wir genießen unsere wöchentlichen „Sitzungen" am Mikrofon. Und der Erfolg von *Betreutes Fühlen* hat mir neue Fans beschert, die sich wegen der üblichen Klischees und Vorurteile sonst sicher nie mit mir beschäftigt hätten.

Mit beiden Projekten an Bord steuerte ich, ahnungslos wie alle, auf eine weltweite Krise zu – die Corona-Pandemie! Im Winter 2019 hätte ich mir niemals träumen lassen, dass die beiden Podcasts nur wenige Monate später die einzige Möglichkeit sein würden, mich als Komiker zu betätigen. Unglaublich! Seit 1978 war ich gewohnt, jederzeit als Musiker oder als Komiker auf der Bühne zu stehen. Damit war im März 2020 Schluss.

Ende 2019 spielte ich noch die Previews für *Echte Gefühle*. Anfang 2020 ging es in die großen Hallen, und es deutete kaum etwas darauf hin, dass ein kleines übellauniges Virus in China aufgebrochen war, um ab März meine Tourneen lahmzulegen. Als es dann so kam, hatte ich Gott sei Dank noch die wöchentlichen Podcast-Gespräche mit Till und Leon. Da wir in beiden Sendungen über Privates, zum Teil sogar Intimes sprachen, konnte ich die Verbindung zu meinen Fans gut halten. Sie spürten, dass wir alle im selben Boot saßen. Per Mail, auf Instagram und auf Facebook gab es großartige Rückmeldungen sowie Anregungen zu unseren Themen. Wahnsinn, damit hatte ich nicht gerechnet. Mal wieder Glück gehabt und – blauäugig wie immer – auf das richtige Pferd gesetzt!

Die Corona-Lage konnte keiner voraussehen. Wie eingangs geschildert, war ich Anfang Februar ja noch in der Lanz-Sendung gewesen, wo der Virologe Schmidt-Chanasit vermutete, das Virus sei nicht ganz so gefährlich. Später wussten wir es leider besser. Dabei hätte alles so schön sein können! *Echte Gefühle* war ein Programm, das Till und ich mit sehr viel Liebe und Hingabe geschmiedet hatten. Ich weiß noch, wie wir uns nach den ersten Auftritten wieder und wieder den Kopf zerbrachen, wie ich am Ende der Show noch einmal persönlich werden könnte, ohne in Kitsch und hohles Pathos abzudriften. Till überzeugte mich schließlich von einer ganz einfachen Idee: Zuletzt setzte ich mich an den Bühnenrand und richtete zu sanfter Musik ein paar leise, ganz persönliche Abschlussworte an das Publikum. Unaffektiert, unspektakulär, im kleinen Scheinwerferlicht. Jeder konnte spüren, dass dieser Moment authentisch war. Dadurch wurde eine Halle mit zehntausend Leuten plötzlich zu einem vertrauten Begegnungsort.

Echte Gefühle ist ein Meisterwerk der jahrelangen Zusammenarbeit, das ich gerne weiter aufgeführt hätte. Dass es nicht ging, nehme ich dem verdammten Virus wirklich krumm. Außerdem hat mich die Pandemie um etwa hundert After-Show-Partys gebracht – und da hört der Spaß nun wirklich auf.

DEUTSCHE STARS

Mögt ihr Udo Lindenberg, Peter Maffay und Herbert Grönemeyer? Was für eine Frage, ich weiß! Die wenigen, die jetzt genervt aufstöhnen, ignoriere ich einfach mal. Die Mehrheit wird wohl zustimmend nicken. Natürlich mag man diese Künstler oder ist sogar Fan! Das hat einen einfachen Grund: Sie sind Teil unseres Lebens, begleiten uns schon seit langer Zeit. Der erste, schüchterne Kuss, der Abi-Ball, der erste Liebeskummer, wilde Studentenpartys, Hochzeiten, Flitterwochen, Feiern für die Kinder, Beachpartys – sie waren immer dabei. Sie haben den Soundtrack unseres Lebens geprägt. Kein fünfzigster Geburtstag, der ohne „99 Luftballons", „Highway to Hell", „Rockin' All Over the World" oder „Manchmal möchte ich schon mit dir" auskommt. Alles Klassiker, nicht totzukriegen. Jeder singt automatisch mit und findet es in dem Moment super. Lieder wie Muttermilch mit Texten wie das täglich Brot, sie stecken in uns. Dazu versorgt uns unser Gehirn mit passenden Flashback-Bildern aus der jeweiligen Zeit. Bei den Komikern ist es ähnlich:
„Hallo, Echo! Hallo, Otto! Holldarahitiii!"
„Ja hallo erst mal!"
„Kennste, kennste, pass auf, wahre Jeschichte."
„Ja nee, is klar!"
„Was guckst du?!"

Eindeutig Otto Walkes, Rüdiger Hoffmann, Mario Barth, Atze Schröder und Kaya Yanar! Dazu kommen Bastian Pastewka, Anke Engelke, Barbara Schöneberger, Iris Berben, Thomas Gottschalk, Bully, Mittermeier und Jauch – Ikonen der Generation X und der Babyboomer, über die Eltern weitergetragen an die Generationen Y und Z. Die ganze Familie rennt zu Udo ins Stadion oder zu Atze in die Westfalenhalle. Warum bloß?

Udo Lindenberg wurde 1992 mit dem Echo für sein Lebenswerk ausgezeichnet. Man hoffte, dass es damit auch mal gut sei. Mitte der Neunzigerjahre war er so out wie ein Strohhalm im Arsch. Kein Hahn krähte mehr nach dem Panikmacher, hinterm Horizont war Sense. 2008 kam er dann wie Phönix aus der Asche zurück: Mit dem Album *Stark wie Zwei* eroberte er den ersten Platz der Charts. Und in den letzten Jahren machte der Mann mit dem Hut und dem Panikorchester seine erfolgreichsten Tourneen, durch ausverkaufte Stadien.

Oder Peter Maffay: Für mich als Jugendlicher war er schlicht und ergreifend „der Feind". Ein kleiner Schlagersänger mit lustigem Akzent, nicht ernst zu nehmen. Lieder wie „Du", „So bist du" oder auch „Wo bist du?" waren Numero-eins-Hits von ihm, über die wir als junge Musiker nur lachten. Dann fand 1979 ein Imagewechsel statt: Mit dem Album *Steppenwolf* stilisierte sich Herr Maffay zum kuttentragenden Rocker. Zumindest in seinen Augen. Die Fransenlederjacke für den deutschen Spießer!

Ich werde nie vergessen, wie Maffay 1982 im Vorprogramm der Rolling Stones auftrat und zum „Eiermann" wurde. Die Rockfans empfanden sein Kommen als Affront und bewarfen den – in ihren Augen – singenden Spießbürger mit Tomaten, Eiern und anderen nahrhaften Lebensmitteln. Beim Konzert im Müngersdorfer Stadion in Köln war ich sogar dabei, allerdings ohne eigene Wurfeier. Fritz Rau, namhafter Impresario und Veranstalter der Stones-Tour, versuchte, die ungnädige Meute vor dem Auftritt noch mit einer einfühlsamen Rede zu besänftigen. Als die Band mit ihren Instrumenten und Peter Maffay am Mikrofon erschien, klebte aber schon das erste Eigelb an Peters rumänischer Wanderwarze. Es war wirklich beeindruckend, wie viel Gemüse Richtung Bühne unterwegs war. Heutzutage nicht mehr denkbar – mit Lebensmitteln spielt man nicht, das weiß heute jedes Kind. Peter Maffay hat es nicht geschadet. Er hat tapfer weitergemacht, und irgendwann ist er zur Legende geworden. Die Langstrecke hat sich für ihn ausgezahlt.

Auch Nena, die schon mit Anfang zwanzig Hits wie „Nur geträumt" und „99 Luftballons" gelandet hat, ist mehreren Generationen in Fleisch und Blut übergegangen. Ihre Karriere war zwischenzeitlich nicht immer auf Erfolgslinie, bis sie unter anderem als Jurorin von *The Voice of Germany* mit voller Wucht zurückkehrte. Wunder geschehen.

Und was ist mit mir? Klar ist: In meiner Karriere bin ich, biologisch gesehen, im letzten Drittel angekommen. Auch das ist ein kleines Wunder, denn in Bezug auf Feiern habe ich nichts anbrennen lassen. Mit Keith Richards verkehre ich zwar nicht auf Augenhöhe, aber er ist bestimmt stolz auf mich. Vor zehn Jahren habe ich bei Soundchecks in den ganz großen Hallen schon innerlich Abschied genommen: Guck das alles noch mal gut an, Atze, das Level wirst du nicht ewig halten können!

Aber darum geht's mir gar nicht mehr. Michael Mittermeier und ich haben vor einiger Zeit bei einem launigen Umtrunk festgestellt: Uns ist nur noch wichtig, Spaß an der Arbeit zu haben. Wir lieben diesen Job, die Frage nach Rekorden oder Preisen stellt sich uns nicht mehr, wir wollen: eine Bühne und ein Publikum. Nicht mehr und nicht weniger. Auf finanzielle

Zwänge muss ich keine Rücksicht mehr nehmen – ich kann tun und lassen, was ich will. Das habe ich mir hart erarbeitet, und das genieße ich auch. Ich muss nicht, ich kann! Das ist ein feiner Unterschied und ein Privileg, über das ich mir völlig im Klaren bin. Wenn ich möchte, spiele ich eine kleine Clubtour. Oder ich mache eine Lesung. Oder eine Show mit Leon. Oder ein paar *Cousinen*-Folgen mit Till. Das gefällt mir sehr, weil ich die Vielfalt mag, die Abwechslung.

Es gab Zeiten, da habe ich zu meinem Manager gesagt: „Töne, mach alles, was geht! Wir nehmen alles mit!" Heute leiste ich mir mit Vergnügen den Luxus, nicht mehr auf jeder Hochzeit zu tanzen. Das nenne ich Lebensqualität. Ich konkurriere nicht mit den neuen Big Boys wie Felix Lobrecht oder Chris Tall. Mir gefallen die Big Girls Carolin Kebekus und Tahnee. Ich bewundere ihren Humor und gönne ihnen den ganz großen Erfolg.

Wie gesagt: Es gibt nichts Schlimmeres als nörgelnde Altstars, die nicht damit klarkommen, dass die jungen Wilden auch mal in der Champions League gewinnen. Von mir aus auch mit Hattrick. Mir gefällt die Attitüde von Künstlern wie Dave Grohl und seinen Foo Fighters, Bon Jovi, U2 oder Depeche Mode. Die bleiben einfach dabei, ziehen unbeirrt von Trends ihre Bahnen. Machen, worauf sie Bock haben. Der demente Tony Bennett hat noch mit 95 Jahren auf der Bühne gestanden – was für eine Energie, trotz dieser grausamen Krankheit! Lady Gaga hat ihn unterstützt. Er hat zwar zum Teil nicht gewusst, mit wem er auf der Bühne stand, aber ohne seine Kunst, ohne Musik und ohne Singen ergibt das Leben für ihn wohl keinen Sinn. Das kann ich gut nachvollziehen. Ich habe Miley Cyrus schon geschrieben, ob sie nicht mit mir auf Tour gehen möchte, wenn ich die Neunzig mal überschritten habe.

Spaß beiseite, ein Funken Ernst ist dran – solange ich Lust zu spielen habe und ein Publikum vor mir sitzt, werde ich nicht aufhören. Versprochen!

Wenn mir früher jemand prophezeit hätte, was mal aus mir werden würde – ich weiß nicht, ob ich den für voll genommen hätte. Ich erinnere ich mich immer gern an meine Anfangszeit. Eine wesentliche Rolle dabei spielte der *Quatsch Comedy Club*, kurz: QCC, der neben der *Wochenshow*, *7 Tage, 7 Köpfe*, *RTL Samstag Nacht* und der *Harald Schmidt Show* das Flaggschiff der deutschen Stand-up-Comedy war. Ein Sprungbrett für spätere Stars wie Rüdiger Hoffmann, Dieter Nuhr, Michael Mittermeier, Sissi Perlinger, Carolin Kebekus, Cindy aus Marzahn und Ingo Appelt, um nur ein paar Namen zu nennen. Gründer Thomas Hermanns war nicht nur Visionär und Pate der deutschen Stand-up-Comedy, sondern auch ein amtliches Feierbiest. Die Partys nach den TV-Aufzeichnungen in München waren legendär und gehören in jedes Lehrbuch für ausufernde Gelage. Den Münchener Flughafen verbinde ich seitdem mit wahnsinnigen Kopfschmerzen.

Rüdiger Hoffmann, 1996 schon zum Primus der Branche aufgestiegen, hatte damals schon einen fatalen Hang zu nervigen Starallüren. Er pflegte vor seinen Auftritten im QCC in seiner Garderobe zu meditieren, weil er sonst nicht in der Lage war, seine göttliche Kunst darzubieten. Für das niedrige Comedy-Volk wie Nuhr, Mittermeier und mich hieß das: im Flur nur auf Zehenspitzen gehen und flüstern. Wir verachteten Rüdiger zutiefst für seine Schrullen und sehen bis heute zu, dass wir ihm aus dem Weg gehen. Komiker sind eben nicht immer lustig, sondern auch nur Menschen.

Als Mitgesellschafter des *Quatsch Comedy Clubs* war es natürlich Pflicht, aber auch eine Ehre für mich, an der Feier zum zwanzigjährigen Bestehen der Institution teilzunehmen. Der Festakt fand in der ruhmreichen Max-Schmeling-Halle zu Berlin statt. Illustre Gestalten wie Olaf Schubert, Gayle Tufts und Sascha Grammel hatten ebenso zugesagt wie die alten Kampfmaschinen Michael Mittermeier und ich.

So viel vorab: Der Auftritt von Rainald Grebe bei dieser Veranstaltung war das Beste, was ich jemals in Sachen Comedy erlebt habe. In siebeneinhalb Minuten brachte Rainald die Halle zum Toben. Unvergesslich, sensationell! Besser war bis heute keiner. Punkt.

Unfreiwillig komisch war allerdings die grandiose Eröffnung dieser Jubiläumsshow. Thomas Hermanns saß zum Playback von John Miles' Bombast-Song „Music" („Music was my first love ...") im weißen Frack an einem weißen Flügel. Nur dass der Text sich bei Thomas anders anhörte. Seine Version lautete:

„Comedy was my first love / and it will be my last!
Comedy of the future / and comedy of the past ..."

Mir gefror das Blut in den Adern. Wenn ich Thomas nicht so gemocht hätte, wäre ich wohl schon während der Generalprobe auf die Bühne gestürmt und hätte ihn mit einem linken Haken zu Boden gestreckt. Doch es kam noch schlimmer. Während der ersten Takte dieses gruseligen Machwerks ritt zu meinem Entsetzen Renate Berger, die allseits geschätzte Künstlerische Leiterin des QCC, im weißen Kleid auf einem weißen Fake-Einhorn in die Halle. Ich begab mich backstage auf die Suche nach einem starken Schnaps. Das war wahrlich nichts für schwache Nerven! Bis heute bin ich stolz darauf, dass ich niemandem etwas angetan habe und damals trotz Volltrunkenheit einen blitzsauberen Auftritt hingelegt habe.

Nach der dreistündigen Aufzeichnung dieses Spektakels stand ein Reisebus vor der Halle bereit, um sämtliche Gäste zur

After-Show-Party im Friedrichstadt-Palast zu fahren. Dummerweise mussten wir noch länger auf Thomas warten, der irgendwo in den Katakomben der Schmeling-Halle steckte. Der Busfahrer nutzte die Gelegenheit, um vor dem Bus in Ruhe eine zu rauchen. Ich war von der Warterei dermaßen angenervt, dass ich mich – immer noch schwer angetütert – auf den Fahrersitz des Busses schwang und beherzt versuchte, die Fahrzeugtüren zu schließen. Das klappte auf Anhieb. Was leider nicht klappte, war losfahren. Keine Chance! Ich fummelte an zig Knöpfen herum, bekam den Motor aber nicht an. Vor dem Bus tobte der Fahrer mit seinem Kurzarm-Cityhemd in der Februarkälte und drohte mir mit der Faust. Im Bus bildeten sich derweil zwei Lager: Nervenschwache Gemüter wie Bülent Ceylan und Sascha Grammel flehten mich an, den Unsinn doch bitte zu lassen. Rock'n'Roller wie Olaf Schubert oder Michi Mittermeier feuerten mich dagegen an: „Fahr los, los, fahr!" Gott sei Dank gab ich dem letzten bisschen Vernunft in mir irgendwann eine Chance, öffnete dem halb totgefrorenen Busfahrer die Tür und trollte mich wieder auf meinen Platz. Der Fahrer war mittlerweile nur noch froh, dass der Hooligan mit dem Lockenkopf und der Pilotenbrille keinen Ärger mehr machte.

Die Party danach war ein voller Erfolg, was sicher auch daran lag, dass Thomas nicht mehr sang, sondern ordentlich mit uns becherte. Was für ein Spaß!

DAS BESTE KOMMT NOCH

6. Februar 2022. Es ist viel passiert in den letzten beiden Jahren. Corona hat uns nach wie vor im Griff, Angela Merkel ist nicht mehr Bundeskanzlerin, und *Wetten, dass ...?* hat wieder Top-Einschaltquoten.

Till und ich sitzen im Savoy Hotel und schreiben am letzten Kapitel dieses Buches. Gerade hat sich mein kahlgelockter Freund vor Lachen auf dem Boden gewälzt. Das Leben ist mal wieder wunderschön, und wenn nicht alle so schrecklich empfindlich wären, hätte dies ein Enthüllungsbuch werden können – mit Sex, Drugs and Rock'n'Roll. Ihr glaubt ja nicht, was für absurde Geschichten ich über meinesgleichen erzählen könnte. Natürlich würde ich dann von allen verklagt werden und die nächsten Jahre vor Gericht verbringen. Damit ist ja auch keinem gedient. Obwohl ich am Anfang natürlich gesagt habe: „Das muss alles ins Buch!"

Wenn man *Gala* oder *Bunte* liest, kriegt man bekanntlich einen Eindruck davon, wie Promis sich selbst sehen wollen. Die reine Inszenierung. Nehmen wir mal die legendäre Weißwurst-Party beim Stanglwirt in Kitzbühel und stellen wir uns die Besetzung vor. Alle sind wahrscheinlich wieder am Start: Verona Pooth, Jürgen Drews, Christine Neubauer, Arnold Schwarzenegger, Mario Adorf, Barbara Becker, DJ Ötzi, Wladimir Klitschko und weitere Sternchen. Bestimmt hat der

Stanglwirt-Dampfer auch die nächste Generation an Bord – Joko Winterscheidt, Sophia Thomalla, Micky Beisenherz und Sylvie Meis. Die mischen sich im Stadl der Eitelkeiten selbstbewusst unters Volk. Sylt, Sansibar: das gleiche Theater. Nur mit anderer Besetzung. Promiwirt Herbert Seckler begrüßt mit Ghettofaust Hochkaräter wie Bohlen, Veronica Ferres, Johannes B. Kerner, Til Schweiger, Clemens Tönnies und Frauke Ludowig. Herrlich!

Ich war auch schon überall dabei, auch in Marbella, Monaco, Dubai und anderen „Musst du unbedingt mal hin, weil alle da sind"-Orten. Meistens aber nur einmal, und selten wieder. Als junger Künstler zeigt man mit dem Finger auf die durchgeknallte Mischpoke und macht sich darüber lustig, wie exakt diese Versammlungen dem Klischee der Selbstgefälligkeit entsprechen. Und plötzlich ist man etabliert, steht mitten unter denselben Menschen und singt aus vollem Halse mit: „Da simma dabei, dat is prima ...!"

Wie so was kommt? Keine Ahnung, so ist der Mensch halt. Die meisten im Showbusiness jedenfalls. Eine ehrliche Antwort auf die Frage, was mir am besten an mir selbst gefällt, wäre wohl: Mich interessieren Menschen. Alle. Promis und Normalos. Ich kann mich mit Wildfremden stundenlang im Zug unterhalten, komme aber auch mit Jürgen Vogel am Frühstücksbuffet des Savoy wunderbar klar. Und ich bin uneitel eitel. Damit kokettiere ich natürlich gerne. Freunde dürfen mir tatsächlich den Kopf waschen, aber möglichst schonend.

Selbstreflexion halte ich für eine der wichtigsten Tugenden. Jeder, auch ich, darf in der Sansibar, im Borchardt, beim Stanglwirt oder sonst wo dabei sein, keine Frage. Kein Groll! Aber wenn ich hinterher im Bett liege und darüber nachdenke, möchte ich mir darüber im Klaren sein, ob ich aus Eitelkeit,

Geltungsdrang, Spaß oder echtem Interesse da war. Oder alles zusammen.

Mittlerweile lebe ich in Hamburg. Mein größtes Vergnügen ist es zurzeit, mit dem Fahrrad durch die Stadt oder das schöne Alstertal zu fahren. Eine Tasse Kaffee am Marktplatz in Ottensen, mittags Sushi im schnöseligen Eppendorf und abends ein paar Biere an der Alster mit Freunden vernichten – das gefällt mir. Ich weiß nicht, wie lange alles noch so weitergeht: meine Karriere, mein Leben. Comedy mache ich nur noch für mich. Ansonsten gibt es keinen Grund.

Ich weiß noch, wie mein Vater mich auf meinem fünfzigsten Geburtstag zur Seite genommen hat. Auf der Bühne sang Guildo Horn um sein Leben, die Gäste tanzten wie wild auf dem Parkett. Der Geräuschpegel in der Halle war extrem hoch. Papa drängelte sich durch die Menge, packte mich am Arm und zog mich zu sich heran. Dann nahm er mich fest in den Arm und flüsterte mir ins Ohr: „Junge, nicht nervös werden. Das Beste kommt noch!"

DANK

Atze & Till
Wir bedanken uns sehr herzlich bei:
Gisela und Daniela Ragge vom Hotel Savoy Köln für die großzügige Gastfreundschaft während des Schreibens an diesem Meisterwerk,
Thomas Kleinertz vom Madison Hotel Hamburg für die großzügige Gastfreundschaft während des Schreibens an diesem Meisterwerk,
der MTS GmbH, unserer Lieblingsagentur (ihr seid die Besten!),
Stefan Weikert, Marten Brandt, Constanze Gölz und dem ganzen Team von Edel Books (Nomen est omen!).

Atze
Danke, Töne! Ohne dich hätte alles nicht geklappt!
Danke, mein geliebter Till! Freund, Autor, Nervensäge.

Till
Danke, mein geliebter Atze! Freund, Künstler, Kulturbestie.
Viele Menschen fragen mich: „Wie ist der denn so privat, der Atze?"
Ich antworte dann meistens: „Kommt drauf an, mit welchem Atze ich gerade spreche."

Atze ist vieles für mich: ein echter Freund, Ratgeber, Vorbild, Künstler, Arbeitgeber, Komplize, Hallodri. Er macht sich die Welt, wie es ihm passt. Das kann man ihm manchmal sicherlich vorwerfen, aber es nützt nichts. Er hat sich dafür entschieden, und ich akzeptiere das, was sonst. Eigentlich würde ich es gern auch so machen, aber ich habe keine Lust, den Preis dafür zu bezahlen. Ich bin halt eher ein vorsichtiger, etwas zögerlicher Mensch. Atze nicht. Viele Sachen hätte ich ohne ihn nie gemacht, nie erlebt, nie gewagt. Aber dank ihm habe ich mich getraut. Dafür werde ich ihn immer lieben.

Ein besonderer Dank geht an meinen Freund Töne, der immer an mich geglaubt hat und mich dazu gebracht hat, neue Wege zu gehen.

Edel Books
Ein Verlag der Edel Verlagsgruppe

© 2022 Edel Verlagsgruppe GmbH,
Neumühlen 17, 22763 Hamburg
www.edelbooks.com

Es war leider nicht in allen Fällen möglich, die Inhaber des Copyrights an einzelnen Bildern zu ermitteln. Der Verlag bittet Rechteinhaber darum, berechtigte Forderungen zu melden.

Projektkoordination: Dr. Marten Brandt
Lektorat: Dr. Marten Brandt und Mareike Ahlborn
Coverfoto: Boris Breuer
Layout und Satz: Datagrafix GSP GmbH, Berlin | www.datagrafix.com
Gestaltung von Umschlag und Bildstrecke: Groothuis. Gesellschaft der Ideen und Passionen mbH | www.groothuis.de
Lithografie: Frische Grafik
Druck und Bindung: GGP Media GmbH, Pößneck

Dieses Buch ist mit mineralölfreien Farben gedruckt.
Edel Books unterstützt bei der Produktion dieses Buches das Projekt »Junge Riesen für die nächsten 100 Jahre« in der Nossentiner/Schwinzer Heide. Damit wird ein Anteil der unvermeidbaren CO2-Emissionen im direkten Umfeld des Produktionsstandortes kompensiert.

Partner des Naturparks
Nossentiner/Schwinzer Heide

Alle Rechte vorbehalten. All rights reserved. Das Werk darf – auch teilweise – nur mit Genehmigung des Verlages wiedergegeben werden.

Printed in Germany

ISBN 978-3-8419-0798-1